让孩子爱上思考的40堂课

40 LESSONS TO GET CHILDREN THINKING

Philosophical thought
adventures across the curriculum

[英] 彼得·沃利（Peter Worley）/ 著

唐玉屏 / 译

妙趣横生的
哲思奇遇记

中国人民大学出版社
·北京·

致彼得：

那个想像哲学家一样思考、不顾后果的男孩。

致 谢

我要感谢以下或直接或间接帮助我完成本书的人们：

布鲁姆斯伯里出版社（Bloomsbury）编辑霍利·加德纳（Holly Gardner）、斯蒂芬·坎贝尔－哈里斯（Stephen Campbell-Harris）、斯蒂夫·霍金斯（Steve Hoggins）、戴维·伯奇（David Birch）、安德鲁·戴伊（Andrew Day）、安德鲁·韦斯特（Andrew West）、米莉亚姆·科恩－克里斯托菲迪斯（Miriam Cohen-Christofidis）、约瑟夫·泰勒（Joseph Tyler）、詹森·巴克利（Jason Buckley）、克里斯·吉尔（Chris Gill）、斯蒂夫·威廉姆斯（Steve Williams）、罗伯特·托林顿（Robert Torrington）、艾玛（Emma）和凯特（Kate）。

特别感谢我在伦敦国王学院的逻辑和批判性思维顾问詹妮弗·赖特（Jennifer Wright）提出的宝贵建议。若有任何错误，均为我的原因。

感谢哲学基金会（The Philosophy Foundation）赞助人特里·琼斯（Terry Jones）、黛博拉·莱昂斯（Deborah Lyons）以及派森（蒙提）图片有限公司 [Python（Monty）Pictures Ltd.] 的霍利·吉列姆（Holly Gilliam）授权使用电影《巨蟒与圣杯》（*Monty Python and the Holy Grail*）的"死亡之桥"场景，并提供正式版场景的链接。

非常感谢克里斯托夫·吉尔（Christopher Gill）教授，他关于斯多亚主义的讲座给"哲思奇遇第 7 课：水杯"提供了背景信息。

感谢《喵喵叫的狗》（The Dog that Meowed）这首诗的创作者艾略特·班克小学的多拉（Dora，2012—2013 学年她正上三年级）。还要感谢戴维·伯奇为第 32 页的探究，詹森·巴克利为第 162 页的"磁铁"所做的贡献，以及哲学基金会专家斯蒂芬·坎贝尔－哈里斯为第 163 页的"对 / 错"所提的建议。

本书在线资源见链接 philosophy-foundation.org/resources/40，请在 Web 浏览器中键入以上网址下载本书提到的资源。

前　言

首先，本书易于使用。拿起它，轻轻翻开，找到一节您感兴趣的课程，就可以用了。不过，既细心又耐心的读者能通过本书获益更多。在每节课程的设计当中，除了有相当大部分的内容介绍哲学本身之外，我还在书中交叉引用了我的所有其他作品；因此，它起到了如同"心脏"一般的作用，通过联结将血液输送给其他每一部作品，彼此浑然一体。

《曾经有一个如果》（*Once Upon an If*）是一本用故事和讲故事来使人思考的书。在那本书中，我区分了"用……思考"和"对……思考"。我以前的书一直关注用故事或者说通过故事来进行思考；利用故事将读者引入哲学问题或哲学困境。而在本书中，我开发出了"对故事进行思考"的一些方法，或者说探究如何与儿童一起解决文本解释方面的棘手问题。除了全新的课程内容之外，如何对故事进行思考是本书带来的原创理念。

在进行**解释**（interpretation）时，您会遇到一个哲学里的牛词叫"阐释学"（hermeneutics）。起初，我打算完全避免这个令人生畏、听起来可怕的词；这种让人们脱离哲学的词。后来我开始研究它。这个词起源于古希腊的神赫尔墨斯（Hermes），他是众神的信使和使者，经常从奥林匹斯山向人类传送消息。赫尔墨斯被描述为"狡猾而诡计多端"[1]；虽然宙斯认可他的聪慧、口才和说服力，但仍警告他不要说谎。赫尔墨斯承诺永不说谎。"但是，"他说，"我不能承诺永远说出全部真相。"[2] 据说他甚至帮助命运三女神发明了字母，所以他的名字如今跟"解释"有关还是有道理的——说出最少的内容。因此，赫尔墨斯也加入了阿里阿德涅（Ariadne）（《"如果"机器》[3] 和《哲学商店》[4]）、德莫多克斯（Demodocus）[《假如奥德赛》（*The If Odyssey*）] 和山鲁佐德（Sheherazade）（《曾经有一个如果》）的行列，成为本书的标志性人物。

继大卫·伯奇的《中学生哲学思维训练》（*Provocations: Philosophy for Secondary Schools*）一书之后，我偶尔也会使用"阐释学问题"一词，来表示这个问题要求孩子们说出他们认为某个段落是什么意思；在能够批判性参与问题之前，这是必不可少的第一步，而后才是"任务问题"通常起到的作用。

PaRDeS 法则（参见附录 2）是带领孩子们解读文本的新型通用方法，可以跟《曾经有

---

① March, J (1998). *Cassell's Dictionary of Classical Mythology*. London: Cassell & Company, p. 200. ——作者注

② Graves, R (1955). *The Greek Myths, Volume 1*. London: Penguin, p. 65. ——作者注

③ 原书名为 *The If Machine: Philosophical Enquiry in the Classroom*，涉及该书的课程参照其中文译本：彼得·沃利. 帮助孩子发展思维. 塔玛·利瓦伊，绘；李爱军，译. 北京：中国人民大学出版社，2016. ——译者注（如无特殊说明，脚注均为译者注）

④ 原书名为 *The Philosophy Shop : Ideas, Activities and Questions to Get People, Young and Old, Thinking Philosophically*，涉及该书的小标题部分参照其中文译本，参见：彼得·沃利. 哲学商店：培养哲学思维的138道思考题. 王亦兵，译. 北京：新华出版社，2017。

一个如果》里面的"概念盒子"（文本解读的另一种方法）一起用。但是也有一些其他的课程单独采用了不同的解读方式，例如"永无止境的信"（解读散文）、"幽灵"（解读诗歌）、"水杯"的《哈姆雷特》（*Hamlet*）部分（解读莎士比亚）和"矮胖墩" [用刘易斯·卡罗尔（Lewis Carroll）的方式思考**含义**本身的含义]。

通过本书，我还想展示哲学在教学中能够发挥的重要作用：帮助教师在教学之前、期间以及 / 或者之后，诊断和评估班上的概念理解程度（更多详细信息，请参见附录 5）。考虑到我们在文献中读到的所有关于"理解教育"而非"应试教育"的警告，哲学能够满足一切在自我提升中的优秀教师的所有要求。将良好的引导与良好的教学相结合，应该是一种自然互补的耦合，由学生通过探究引出，并指示教师需要教授的内容；然后将正确的知识、正确的信息以及正确的事实传授给**那个**学生，或者**当这个**班都需要知道这些知识**的时候**，也传授给全班。又或者，当他们问起的时候。

彼得·沃利
哲学基金会
2015 年 9 月

导　语

一、常见问题和解答

1. 哲学是什么？

　　这是一个令人头疼的难题，因此我将用以下警告作为回答：当我解释哲学是什么的时候，我会用一套框架来阐述**我对哲学的理解**，以便能说清楚我在课堂上的行为，以及这本书——包括我的其他书——期望达到的目的。换言之，我这里讲的哲学，并不是哲学的全部内容，但我的描述应该能给您提供一些可以利用、理解、实现抑或评估的东西（参见附录 3 的智识美德列表）。

　　至此，哲学，如果做得好的话，应该是一段严谨的、层次分明的（与自己或者其他人的）连续对话，它们既协同又对立，并试图探索、诠释和证明我们思想的结构与内容，以回应我们感知到的关于现实、知识、价值和意义的问题与困惑。

　　哲学采用一种（通常不是持续的）反思、推理和再评价的方法／过程，通过运用恰当的智识美德或卓越能力，以便对看似（形而上）真实、（道德上）正确、（逻辑上）连贯的东西，做出一个尽管是**暂时的**，但却是好的判断。其目的是通过改进我们对这个世界、我们自身、我们的经历和其他人的看法，来改善我们对这些事物的理解（也包括理解那些我们**不理解**的事物）。希望通过哲学探索，我们能学会更好地思考，更明智地行动，进而有助于提高我们所有人的生活质量。

　　其核心就是我在"哲学四性"中所描述的哲思**进程**。据此，哲学具有：

- **回应性**：哲学家（儿童或成人）对自己已经认识到的问题做出回应，而这本身就是一个问题："这不公平！但它也很公平！"（见第 vi 页的"主要争议"）
- **反思性**：哲学家应思考概念 X 或 Y 的本质："什么是**公平**，确切吗？"
- **推理性**：哲学家逐步去推理他们所反思的内容，以便得出受理性支撑的思想："公平是当你……的时候，因为……"，"公平不可能是……，因为……"，"公平必须……，因为……"。
- **再评价性**：哲学家应批判性地参与其他人或他们自己所进行的反思和推理。

　　请记住：我们的哲学课是哲学的**行动**，而不是哲学这门学科的学习；简言之，它是**哲学思维**的训练。我重点关注哲学四性，就因为它们是哲思进程的核心。

2. 为什么要启发孩子们的哲学思维？

　　首先，思考、质疑、挑战性假设、深思、交谈和哲学思维磨炼的许多其他智识美德，都是成为优秀人类的核心要素。而且，孩子们有能力做好所有这些事情。因此有理由相信，他们应该从小就练习掌握这些能力，这样成年的时候这些能力就会成为他们的第二天性。

孩子们在日常生活中也会经历哲学问题。当他们对世界的理解与他们的经验不相符时，就会产生我所说的哲学问题。例如，某个孩子可能认为**时间**是恒定不变的（时钟以某种稳定的速度运行），但他经历的时间却是波动的（"玩得高兴的时候，时间会飞逝！"）；又或者另一个女孩认为自己是单独不变的个体，但人生经历却让她不断变化、成长并长大成人（"我既是同一个人，又不是那同一个人！"）。此外，教育工作是为了提供工具，来帮助学生解决他们可能遇到的问题。假如孩子遇到哲学问题，正如我所言他们肯定会遇到，那么他们所身处的教育体系，则应该为他们提供开始了解并解决这些问题的工具。

3. 哲学将对我课堂上的孩子有什么帮助？

哲学集中关注概念（我们的言语和思想背后的基本想法和观念）。本书的论点之一是，**概念性的理解**是每个孩子在学校氛围中通过新的学习主题成功掌握自身能力的核心所在（例如，人们必须掌握关系概念来理解"大""小""更长"这类词语的用法）。哲学允许孩子们思考和探索许多课程的核心概念，让老师们有机会诊断、观察和评估班上的同学对特定教学版块中涉及的概念的理解，无论是**溶解**、**艺术鉴赏**、**力**或是**声音**等等。研究发现，哲学思维还能够改善数学与读写能力、听说能力和自信心方面的表现，提高智商得分，以及减少发生精神疾病的倾向。参见附录 3，您可获取关于智识美德的更多内容。

4. 我需要预先具备什么样的哲学相关经验或哲学知识？

使用本书不需要掌握什么哲学知识（虽然我希望您在使用的时候会去学习一些哲学知识），但是需要培养您的提问技巧以便能顺利使用本书，您可以**边**使用本书**边**提高技能，并最终达到预期的**结果**。首先，熟悉附录 1 "关于促进想法多样化的思考"，这将为您成为更杰出的提问者提供所需的大部分工具。贯穿本书的"关键引导方法"版块，将许多引导技巧和策略置于教学计划和课堂背景中来考虑。我在其他书中曾对一些提问和引导策略进行过更为详尽的阐述。因此，尽管没必要为了用好一本书而去买这些书，但阅读和使用这些书也可以弥补您在引导技巧方面的不足：

- 《"如果"机器》："第一部分，如何在课堂上进行哲学探究"，第 1～45 页
- 《曾经有一个如果》："故事思维"，第 56～82 页（尤其是"以儿童为中心的提问"，第 68～70 页）
- 《假如奥德赛》："罗格斯：发展推理能力的教学策略"，第 13～21 页

参阅参考书目，了解更多帮助您培养引导技巧的阅读材料。

二、如何使用本书

本书共设置40节课，每节课的框架模式相同，便于在实践中应用。下面解释一下其中运用到的一些元素。

1. 哲思奇遇

一堂得到有效引导的哲思奇遇课（一种产生结构合理的疑问和行为的刺激）可以创造条件，让孩子们用自己能够理解和体验的方式去看待哲学**问题**（参见第 iv 页哲学四性）。当孩子们发现问题时，通常会认为这是有争议的，这时候教室里会响起"嗡嗡"声——一种抑制不住的交谈声。一旦发生这种现象，我们就叫它——由哲学基金会（TPF）教育专家斯蒂夫·霍金斯所创造——"咬点"：哲学谜团切实咬中你的时刻。

2. "做"与"说"

为了帮助老师用好各课程教案，而不用艰难烦琐地区别指令文本和阅读文本，我已经**为您**区分好了哪些内容是需要在班上读出来的，哪些内容是指导老师如何去做的。这样能节省备课时间，也使得本书更利于"拿来就用"。通常情况下，您只需要在使用前透彻地通读一遍课程设计即可。偶尔需要的时候——**只**在需要的时候，在版块"说"里面会放入一些说明文字。确有必要的地方，这些内容都用方括号括起来了。所以，只要看见版块"说"里面有方括号的内容，这就表示**不要**读出来。而且，从上下文来看，这一点也应该显而易见。

3. 所需器材和准备

就像烹饪菜谱一样，您至少应该仔细阅读您打算使用的那节课的内容。而且，您需要准备好每节课开头的"所需器材和准备"部分提到的所有东西。您不需要记住课程内容，只需跟着版块"说"和"做"去做就行了。如果您是一个喜欢讲故事的人，想在教学过程中多讲些故事，而且希望讲述故事而不是朗读故事，那建议您看一看《曾经有一个如果》的"一千零一夜"部分内容（第20～55页），了解讲好故事的方法，掌握调动班上学生兴趣的强大技巧。

4. 主要争议

当人们认识到以下两种概念上的争议时，哲学问题就现身了：

（1）明显矛盾："是 X 又不是 X"（例如："我既是同一个人，又不是那同一个人。"）。

（2）理解和经验之间出现冲突或背离（例如："我知道时间是恒定不变的，但经验却告诉我它会波动，比如我睡着或者醒着，时间过得就不一样快。"），这就导向了第一种明显矛盾："时间既是恒定的，又不是恒定的"。

本书的大部分——也许不是全部——主要争议都可以用明显争议的形式来表述：**某种情况下**有某个想法，但**某种情况下**又没有任何想法（参阅第4页"有一个想法"）；**某种情况下**彼此对立的东西是有区别的，但**某种情况下**彼此对立的东西又没有什么不同（参阅第15页"截然相反"）；**某种情况下**我无所不知，但**某种情况下**我又一无所知（参阅第8页"猜牌游戏"）；等等。因此，**在某种情况下**，哲学是用这种明显矛盾的方式来解锁各种

"某种情况下"，要么揭穿这些矛盾的假象，要么让您放弃从前深信不疑的某个想法，**因为**矛盾由此而来。在每一场哲思奇遇里，我都通过一些关键问题来表达争议，目的是向老师揭示这些明显矛盾。您可以好好准备的就是，思考如何将争议表达成一种明显矛盾：就像我给的例子，"在某种情况下是 X，但在某种情况下又不是 X"。

5. 可能存在的误解

哲学课是识别和解决儿童对相关课程主题容易产生的一些常见误解的好方法。比如，"某物不存在"的意思是"人们看不见它"（这个误解会深深影响儿童去理解诸如**溶解**或**蒸发**这样的课程内容）。但是，我想对诊断这类误解提出两点警告。首先，孩子真正指的并不总是他们所说的内容，孩子也并不是总能说清楚他们想表达的意思（参见第 139 页"变身矮胖墩"中的相关讨论）。所以，误解不一定就是滥用语言、引用术语以及理解错误或不理解。您的提问应该极具引发性（参阅第 53 页"打开封闭式问题"），避免**曲解**孩子们的话。其次，老师也可能产生误解，所以要时刻留意**您自己**的误解，无论是议题，还是有关孩子们想说的话。哲学课也有助于您——老师——提高对自己、对学生以及对这些让**你们所有人**都应参与其中的哲学问题和主题的理解。

但凡我认为很有可能出现误解的地方，我都在相应课程中做了标注。即便如此，我还是要强调一点，这些只是可能出现的误解，还有可能出现其他误解，不可能在此穷尽。

6. 核心概念和词汇

我已试图归纳出每节课的核心概念，以便您能借此做好以下三件事：

（1）**观察**班上的学生是如何处理概念的；
（2）**诊断**在讲授相关模块之前，学生对相关核心概念的掌握情况；
（3）**评估**在讲授相关模块之前或之后，学生对核心概念的应用情况。

所以，这些哲学课可以安排在相关教学模块之前、之中或者／以及之后。例如，您打算教授有关"溶解"的教学模块，那么就可以安排哲学课"不可思议的缩小机"（参见第 101 页），来了解学生是如何看待微观世界的。他们是否认为看不见的东西就不存在了呢？哪些孩子持有这种想法？那些认为看不见的东西并不意味着不存在的孩子，是否能让其他孩子信服？谁掌握了相关的知识和词汇（原子、蒸发等）？通过记录这些问题以及类似问题的答案，哲学课能帮助您规划各个教学模块，并有利于处理好课堂上的差异化现象以及一对一辅导等此类情况。

7. 关键引导方法

在本书以及我的其他作品中，大多数关键引导方法都具备其上下文语境。它会告诉您哪种引导方法在哪节课中特别有用。参阅建议会方便您找到引用资料的全文。

8. 拓展活动

这不是主课内容的必备环节，但有各种各样的原因会促使您开展这部分活动。或许是因为课堂讨论中提到了跟某项特别的拓展活动相关的内容，也可能是教学目的和目标的特殊需要，又或者仅仅是为了保持授课节奏。举例来说，当有些班级需要上整整一个小时的哲学课，来讨论"这张纸上有没有一个想法"（参见第 4 页"有一个想法"）的时候，就可以尝试利用拓展活动，而其他有些课则不需要。另外，对于那些快坚持不下去的学生来说，拓展活动"心灵感应"就是让他们保持兴趣并有不同表现的绝佳方式。拓展活动还能为主课内容安排一些很精彩但稍微高深些的相关后续哲学课。哪里更高深我已经说过了。有的情况下，例如第 45 页"阿凡提第一天教课"，我就在一堂哲学课中安排了不止一次哲思奇遇。时间就是金钱！

9. 不同类型的问题

- **初始问题**：我在第 116 页对"表层问题"和"深层问题"进行了区分。初始问题就属于本身不带有哲学价值的表层问题，却是开始必需的步骤。例如："接下来会发生什么？"
- **任务问题**：这将是哲学探究（philosophical enquiry, PhiE）所围绕的主要问题。当需要快速返回主问的时候（参见第 7 页），任务问题就是返回的对象，以帮助儿童在思考和表达中形成论证陈述。这个问题应该明确提出并写在白板上。例如："对这个问题有没有什么想法？"
- **阐释问题**：这是一类与解释有关的问题。在能够批判性地评价（例如："你是否同意 X？"或"你认为 X 是正确的吗？"）某人或某事之前，可能需要先思考一下某个提问或表达的含义是什么（例如："你认为 X 指的……是什么意思？"）；换言之就是，它需要"拆解"。
- **嵌套问题**：这是藏在较明确的初始问题、任务问题或阐释问题背后的进一步隐含的问题。例如，我提出任务问题"对这个问题有没有什么想法？"，随之而来的一系列进一步提问都必须考虑到，像是"什么是想法？""想法在哪里？""什么是问题？""问题（或语言）与想法之间是什么关系？"等问题。浏览——或者自己去构建——围绕某个议题或任务问题的系列嵌套问题，是您准备营造"概念场景"的好办法。换句话说就是，要为隐含内容做准备，就得从概念入手。
- **"什么是 X？"的问题**（也叫苏格拉底式提问）：这是开放、抽象的反思性问题，可以带您走近议题或任务问题隐含的基本概念。大多数情况下，您的嵌套问题清单上，至少有一个属于这类问题。例如："什么是想法？""什么是时间？""什么是语言？"等等。如果这类问题不止一个，那么您还要思考这些基本概念之间的关系。比如"什么是光？""什么是黑暗？"，以及"这两者之间是什么关系？"
- **紧急问题**：这类问题不是预先计划好的，而是从集体当中自然而然地产生的，并能作为任务问题来运用。有时候，班上有的学生会在讨论过程中明确提出这样的问题："有东西能这么这么这么小，小到不存在吗？"（8 岁的爱丽丝提问）又或者，有的学生会用陈述的方式说些什么，这种陈述可以重新形成一个问题，并作为任务问题在课堂上提出。例如，爱丽丝也可能说："有的东西可以这么这么这么小，小到不存在。"这时候，引导者可以恰到好处地对全班说："那么，你们怎么认为呢？有东西能这么这么这么小，小到不存在吗？"然后，引导者在白板上写下这个问题，接着按照前面说的任务问题进行探究，并给大家时间进行讨论。一位优秀的引导者应该能随时发现适合紧急提问的机会。

三、实践应用指导

1. 应如何设置课堂?

- **思考的空间——"对话圈"**:挪走课桌,将椅子排成跑马场式样的一圈,这样所有孩子都能看见彼此的脸,还有白板(有必要的话保留)以及您自己。我把这种设置叫作"对话圈"。许多教授儿童哲学的实践者发现,这种形式最有利于以会话为基础的课程。因为,每个参与者都能清楚地看见对方的表现。而且围成一圈,还能留出空间来使用道具、表演戏剧、玩游戏以及进行其他活动——这就是所谓的"思考的空间"。

- **快速"对话圈"**:有可能,您希望在上课的时候穿插一场哲学课。这种情况下,学生们就需要留在课桌前写字或者说话。可以试着跟班上的学生一起排练如何组建一个"快速对话圈":让每位学生知道可以迅速带着椅子挪到什么地方去(靠近他们原来的位置比较合理)。当您说:"快速对话圈时间到!"学生们就到那个地方去,比如教室的四周,这样他们或多或少都看得见其他同学。在没有空间挪走课桌的教室里,也可以采用这种方法。

- **"发言球"**:我总是随身携带一个柔软但不算太有弹性的"发言球"。我发现它是帮助管控讨论必不可少的工具,特别是在跟很多人对话的时候,无论儿童还是成人。"发言球规则"(见下文)是一种有用的视觉方法,让孩子们在整个探究过程中都保持有序。(参阅下一页的"如何展开一次探究?"获得更多了解。)

- **规则**:这是我会在第一课就清楚建立的"五项哲学规则",必要的话可以在每次上课之前先快速地带着孩子们复习一遍:

  - **接球规则**——只有"接到球的孩子可以开口说话"。
  - **倾听规则**——"不管谁拿到球都必须尽最大努力去听懂所听到的内容"。
  - **举手规则**——"想发言的时候请举手,不过当有人拿到球在说话或者在思考的时候,请放下举起的手"。
  - **尊重规则**——这一条囊括了所有的行为预期,但是仍有必要提醒全班同学,他们"仍然可以持有不同的意见,只要做到尊重对方"。
  - **停 – 看 – 听规则**——"每当我高高举起球,就表示大家要停止交谈,看向这里,准备开始讨论"。

2. 一节哲学课需要多长时间?

通常,无论是哪里的学校,我都会根据学生们不同的年龄、成熟度和参与度,给每次哲学课安排 45 分钟到 1 个小时的时间。每周都留出一个时间段来讲授从本书中挑选的哲学课程,将成为锻炼哲学思维的良好开端。不过要知道,这么做的目的是将您的引导和提问技巧融入正规的教学计划。也许你们正在上关于"树木生长"的课,然后在不太刻意的情况下,突然组织班上同学来探究比如**建造**与**生长**的区别。您可以在心里默默记下他们的答案,比如谁知道些什么内容,他们如何理解**生长**与**建造**之间的关系,哪些人认为一样,哪些人认为不一样,又有哪些人认为差不多,诸如此类。虽然只是 5 分钟的探究,但这正是您需要的信息,它可以帮助您了解接下来该如何继续安排"树木生长"的教学。总而言之,对于一位好老师来说,只要需要,哲学探究随时可行。

3. 如何展开一次探究？

以下是流程速览：

（1）设置对话圈（见导语第 ix 页）。

（2）建立或者复习规则（见导语第 ix 页的"规则"）。

（3）呈现刺激物（例如讲个故事、读首诗或表演个戏法等）。

（4）提出任务问题（例如"说话好吗？"）或运行所需程序（例如解释含义的 PaRDeS 四法则、概念盒子等）。

（5）如果提出了任务问题，则清楚地写到白板上。

（6）允许学生成对或几个人一组谈论一两分钟。

（7）做出"停 – 看 – 听"的手势（见导语第 ix 页的"规则"）。

（8）再次提出任务问题。

（9）围绕您挑选的课程进行全班调查（参阅附录 1 "关于促进想法多样化的思考"和每节课的"关键引导方法"部分，获取具体的引导技巧）。

（10）间或允许更多的讨论，然后回到全班调查（见第 9 步），在适当的时机引入新问题，并且 / 或者在适当的时机回到主要问题上来。

（11）根据需要安排拓展活动，完成整个调查过程（见第 9 步）。

（12）（可选）提出以下元认知问题来结束这一回合，比如：

"关于这个问题，有没有人已经得出了结论？愿不愿意说说你现在是怎么想的？"

"通过讨论，有人改变想法了吗？为什么？"

"有没有人听到特别喜欢的想法？是什么？为什么？"

（13）（可选）最好以游戏来结束。哲学基金网（网址：www.philosophy-foundation.org/members）上有很多游戏可以免费使用（免费加入会员），罗伯特·费希尔（Robert Fisher）的《思维游戏》（*Games for Thinking*）一书中也有一些很棒的游戏。

记住：这**不**是哲学探究；这是您希望哲学探究发生的程序步骤。我们希望，届时如果讨论的焦点明确，又得到较好的引导，哲学探究会发生在第 9 和第 10 步。请寻找其中体现出的哲学四性（参阅导语第 iv 页"哲学是什么？"）。这将引导您找到答案：好的提问，以及好的引导（特别参阅附录 1 "关于促进想法多样化的思考"和贯穿本书的"关键引导方法"，获得更详细的解答）。

4. 探究社区

假使不是全部，也有大多数的哲思奇遇课程可以跟著名的"探究社区"（Community of Inquiry/Enquiry，CoI）儿童哲学（Philosophy for Children，P4C）课程结合在一起。虽然有很多变化，但其基本步骤如下：

（1）呈现刺激物（讲个故事、展示物体等）。

（2）给出思考时间。

（3）孩子们根据刺激反应提出问题。

（4）将问题写到白板上，并分类，例如哲学问题、事实问题等 [参见菲利普·卡姆（Philip Cam）《20 种思维技巧》（*20 Thinking Tools*）中的"问题象限"]。

（5）对（分类后的）相关问题进行全班投票。

（6）然后将投票选出的问题作为探究的开端。

（7）引导孩子们围绕选出的问题进行讨论。

如果要结合"探究社区"使用哲思奇遇课，那只要使用刺激物（故事、诗歌、行为等），然后按照以上步骤（或者您想用的各种变化形式）进行即可。

5. 适宜年龄段

本书课程是为英国义务教育第 2 阶段（7～11 岁）设计的，大多数课程安排适用于这个年龄段，少数情况需要稍加改编；许多课程适用于第 3 阶段（12 岁）及以上，少数情况需要稍加改编。少数课程不太适合给年龄小的孩子上；这部分课程附上最低适合年龄列在下面：

猜牌游戏	9 岁及以上
代金券	10 岁及以上
水杯	10 岁及以上
如果岛上岩石滑坡了	9 岁及以上
可能是猫	9 岁及以上
计划	10 岁及以上
谁是对的？	10 岁及以上
假设盒子	10 岁及以上
当世界碰撞时	10 岁及以上
视角眼镜	10 岁及以上

目　录

幽灵

对幽灵、时间和诗歌的思考

借着向孩子们介绍幽灵，悄悄让他们接触诗歌，然后您自己也了解一种走近诗歌的方式。

所需器材和准备

- 一个外观古旧的木头盒子
- 两首课堂上要用到的诗歌，分别写在两张纸上，叠起来放在盒子里（分别标号 1 和 2，以便能按正确的顺序拿出来使用）

相关学科

读写　　诗歌　　宗教

主要争议

什么是幽灵？幽灵是否存在？一位过世的诗人写的诗算是幽灵的声音吗？

可能存在的误解

从字面上理解隐喻的含义

核心概念和词汇

图书　　隐喻
交流　　紧张
死亡　　时间

关键引导方法

走近诗歌（参见第 2 页）

做：首先读出以下第二人称的场景。

说：有一天，你被告知要在花园里帮忙，交给你的工作是翻土。这不是你最喜欢的事，但你不得不去干。在挖土的过程中，你的铁锹碰到了什么东西。你以为又是一块石头，但跟已经碰到的其他石头却不大一样。你把手伸到铁锹下面的泥土里去摸寻，手指碰到了一个尖角。这可不是普通的石头或根之类的东西！于是，你拿起铁锹开始挖那个不知道是何物的东西。不一会儿，一个看上去很旧的盒子被从地下挖了出来。你想：它一定被埋在地下很长时间了。盒子是关上的，那么你会打开它吗？你发现盒子很容易打开。你会看里面吗？你必须做出决定。你打开了盒子，发现盒子里有两张古老的羊皮纸，一张上面写着数字"1"，另一张写着"2"。随着岁月的流逝，纸张已经泛黄，并且边缘开裂。你拿出了那张标有"1"的纸：你必须非常小心翼翼，因为纸张已经很旧，一碰就容易碎。好在，你还能读出上面写的字。那好像是一首诗。上面写着：

> ### 已经去世的人写下的诗句
>
> 你无法完全看到我，但你知道我就在那里，
> 你听不到我的声音，但能发誓
> 有人在诉说，那话语飘然而至，
> 穿透这洁白的纸片，来自那蓝色的天际。
>
> 幽灵般的纸面上是幽灵的文字，
> 诗人的幽灵藏于那黑白的笼子，
> 思想的回音，曾经响起，此刻已逝，
> 读这些文字的时候，它们穿越时光，闪烁不止。

做： 按照关键引导方法来处理诗歌。

关键引导方法

走近诗歌

以下步骤根据《哲学诗歌集》[①]（参见相关课程）改编，用于指导小学年级（7～11岁）的孩子理解诗歌：

（1）朗读诗。

（2）允许孩子们有几秒钟的沉默来"接受它"。

（3）再读一遍诗，但是留出几个空（通常是韵脚，但不必须）让班上的孩子来填。

（4）放投影或分发诗歌（通常给两人中的一人），让孩子们对答。在这个阶段，要让他们按照自己喜欢的方式来回应，所以不要提任务问题（见下文）。

（5）在对话圈中做出您的回应来进行简短的探究（从这个阶段开始寻找合适的机会进行紧急探究。"紧急探究"是一种无计划的探究，根据孩子们的表达自然而然地产生）。

（6）如果孩子们有不懂的字词句，请让他们举手，让集体为他们解答。（例如，可能有人会说："我没懂这一句的意思：'诗人的幽灵藏于那黑白的笼子'"。）

（7）做反应探测器（参见附录1），以确保下一个表达与步骤6的表达相关。

（8）如果有必要，请问一下是否还有其他不懂的字词句，直到整首诗都被班上的同学尽可能地"剖析"，或者直到探究结果满意（这取决于您自己的目的和目标）。

（9）就这首诗而言，有必要的话，可以使用以下提问：是谁写下的这首诗？他是在和你们说话吗？他/她是幽灵吗？幽灵是什么颜色的？什么是"黑白的笼子"？

（10）您可以决定在某个时刻再读一遍诗，或者让孩子们读。可以让一个孩子全部读，也可以让几个孩子分别一行一行地读。

说： 在看完了第一张羊皮纸上写的诗之后，您伸手拿出了第二张纸——标有数字"2"的那张。上面写着：

❝ 写给发现这些诗句的人

现在请写下你自己的诗　　　　　也许，有一天
然后放到盒子里　　　　　　　　你的诗句会被人发现
将盒子埋入地下　　　　　　　　于是那被埋葬的沉默的文字
上面盖上泥土和石子。　　　　　将会发言。**❞**

☑ 时光胶囊活动

做： 给每个孩子发一张纸。

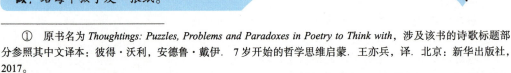

① 原书名为 *Thoughtings: Puzzles, Problems and Paradoxes in Poetry to Think with*，涉及该书的诗歌标题部分参照其中文译本：彼得·沃利，安德鲁·戴伊. 7岁开始的哲学思维启蒙. 王亦兵，译. 北京：新华出版社，2017。

说：请跟随神秘诗人的邀请，写下你自己的话，放入一个盒子。几百年后，有人会读到它。你可以写下任何你想写的东西——它可以是一首诗，但也不一定非得是诗。不管你决定写什么，请保证这是你希望几百年后有人再将它从地底下挖出来，并读到的东西。

任务问题　诗人能够通过他/她的作品永远活着吗？

嵌套问题

- 什么会"永远活着"？
- 上面任务问题里的"活着"是字面的意思还是比喻的说法？

拓展活动

一个词的墓志铭

做：在读之前先放投影或者将下面这首诗发下去。

一个词的墓志铭

完成了？离开了？
胜利了？糊涂虫。
绊倒过？摔倒过？
撒谎过。尝试过？
你决定用哪个词
来描述你的人生与死亡？＿＿＿＿＿＿＿＿。

嵌套问题（任务问题就在诗中）

- 你能只用一个词来总结你的一生吗？
- 你会用哪个词来建议他人如何生活？
- 你的话表达了什么样的价值观？
- 你的人生能用语言表达吗？
- 如果有一本书记录了你这一辈子发生的所有细节，那么你的整个人生是否就都被记下来了？
- 被列出的这些词对于留下它的每个人来说，表达了什么？

相关课程

《曾经有一个如果》：第25～26、28、79～82页

《"如果"机器》：古怪小店

《假如奥德赛》：遮瑕膏（卡里普索岛）；结语，第155页

《哲学商店》：哲学诗；无事生非；时间饮食；长生不老药

《哲学诗歌集》：爱、善良与幸福；考古；未曾书写的诗集——了解关键引导方法"走近诗歌"的更多内容

有一个想法

对想法的思考

哲学常被人形容成"关于思考的思考"，本课将邀请孩子们"围绕想法进行思考"，而您将在班上表演心灵感应。这是一节让孩子们看到现实世界中的魔力的课程。

所需器材和准备	可能存在的误解
• 一张用来写字的 A4 纸	认为想法跟"想法"这个词一样

相关学科
读写
诗歌

核心概念和词汇

关涉	大脑
意向	头脑
想法	写作

主要争议
虽然找到想法产生的原因很简单，但想法本身究竟在哪里呢？

关键引导方法
激发（参见第 6 页）

做：在纸上写下下面这个问题：

这张纸上有想法吗？

嵌套问题
• 什么是想法？
• 想法在哪里？
• 想法是如何产生的？
• 没有想到的想法到哪里去了？
• 想法位于何处？

☑ 一次心灵感应的表演？

做：问班上同学是否知道什么是"心灵感应"。让大家发表看法，然后解释心灵感应是"一个人只用思想的力量将自己头脑里的想法转移到另一个人头脑里"。

说：现在我要在不说话的情况下把我的想法转移到你的脑海里。

> **做**：经过一些戏剧性的动作——例如用食指碰触太阳穴——在白板上写下"粉红色的大象"。参见第 6 页的关键引导方法"激发"。

任务问题　我刚才是心灵感应吗?

嵌套问题

- 什么是心灵感应?
- 如果这不是心灵感应,那是什么?
- 我转移想法了吗?
- 转移一个想法和心灵感应之间,有区别吗?

> **做**：邀请孩子们思考并回应斯蒂芬·金的名言:"写作是什么?当然是心灵感应。"

任务问题　写作是心灵感应的一种形式吗?

如果两个人读同样的文字,他们会产生同样的想法吗?
例如,请两个孩子读下面这句话:

猫坐在垫子上。

这两个人的想法一样吗?
那下面这句呢?

……绿荫中一个绿色的想法。[安德鲁·马维尔（Andrew Marvell）]

- 安德鲁·马维尔表演了一种心灵感应吗?（他已经去世好多年。）
- "所有的好书,读起来就如同和过去世界上最杰出的人谈话。"——勒内·笛卡儿《方法论》(*Discuss*)

相关课程

《"如果"机器》：思考虚无;西比系列故事
《哲学商店》：形而上学;心灵哲学
《哲学诗歌集》：思想与大脑

激发

做一些事情来激起对方的反应。在哲思奇遇第 2 课 "有一个想法"（第 4 页）的课堂上 "表演" 心灵感应就是一种激发行为。使用本策略时需快速返回提问："我做了……吗？" 马上，孩子们就会受到刺激从而批判性地否定你："没有，因为您刚写了！" 然后，提出开放式问句："心灵感应是什么？" 诸如此类。

利用该策略来调动班级积极性的重要途径有：

- 一个问题（"**现在**是什么？"）。
- 一句陈述（"没有**现在**这样的东西。" 8 岁的布莱欧妮说。），通常取自班上学生的表达。
- 一项任务（"行动起来改变未来！"）——参见第 68 页 "做哲学" 获取更多内容。
- 一场表演（"我现在要像我说的那样，通过向右旋转而不是向左旋转来改变未来！"……"我改变未来了吗？"）——参见第 4 页 "一次心灵感应的表演"。
- 一次体验（参见第 98 页 "永无止境的信"，了解体验如何让参与者感到震惊）。

匿名：戴上盖吉斯之戒

在《"如果" 机器》一书中有一节名为 "盖吉斯之戒"，其中介绍了一枚能让人隐形的戒指。古希腊哲学家柏拉图介绍了这种奇妙的干预，让读者认为他们可以行恶事而不被抓住，进而让他们考虑在不会受到惩罚的情况下，是否还有任何充分的理由要行为端正。如果您需要学生们真诚回应您的提问，让他们隐身（匿名）回应可能比简单地要求他们真诚更见效。这个方法可以用于许多其他教学和学习情境中，从解决问题的任务到其他道德讨论均可。（有关其应用示例，请参见第 14 页。）此课程还建议采用**事实如何 / 应该如何的提问策略**（参见第 71 页）。

相关课程

激发：参见第 145 页 "艺术侦探"，获取更多有关提高班级参与度的常用方法的内容。

快速返回主问

这是一种提问技巧,您不断回过头来问一个简单但是重要的(通常在语法上是封闭式的)问题。

在第 3 课的案例"猜牌游戏"(参见第 8 页)中,这个问题是"X 是否已经知道哪张是黑牌?"或者"X 是否知道哪张是黑牌?"不断回过头来问这个问题或者类似的问题,但始终别忘了在必要的时候再次将封闭式问题打开(参见附录 1)。快速返回主问有以下作用:

- 使讨论始终集中
- 使内容始终相关
- 揭示隐藏关联
- 将各种想法与任务问题联系起来
- 避免老师不屑一顾的评论
- 避免老师过早下判断
- 避免不必要的对抗
- 提示孩子表达的方向 / 提醒孩子问题是什么
- 形成并表达正式的论点
- 避免老师提问中出现过于复杂的语言

猜牌游戏

对知道的思考

"你怎么知道？"是一个问句，而哲学家的问法却是："你怎么知道你知道？"本课旨在开设一节完成知道任务的课程，而您将感受玩牌的乐趣。

所需器材和准备
- 一副扑克牌
- 准备好即兴发挥

相关学科
科学　　其他所有基于知识的学科

主要争议
一个人可以百分百确定他知道某件事吗？是否有可能描述出知识产生所需的条件？我们会因为过去发生了什么而知道将来会发生什么吗？什么是知识？

可能存在的误解
认为"确信"跟"知道"是一回事

核心概念和词汇
相信　　肯定　　怀疑　　理由
知识　　怀疑论　　眼见

关键引导方法
快速返回主问（参见第 7 页）

做：将两张牌正面朝下放在对话圈中间的地面上。一张应该是红牌（任意红牌），另一张应该是黑牌（任意黑牌）。确保没被任何人看到其正面，并确定你自己知道哪张牌是哪张。在每张牌旁边放一张小纸条——一张上面写"A"，另一张上面写"B"。上课期间让它们留在原地，当想要指代这两张牌的时候就有用了。

说：现在需要一位志愿者，来指出他认为这两张中间哪一张是黑牌。

做：志愿者（玩家）指好牌，您在白板上记录他的判断（继续记录其他玩家的判断，必要时也记下牌的实际位置）：

第一位玩家的判断：　　　　　　　（A）红　　　（B）黑

确保班上的学生能看懂白板上的内容。然后，揭秘哪一张是黑牌。如果指对了，则转而抛出任务问题。如果不对，则继续玩，直到有玩家猜对正确的牌。这时再抛出任务问题。

玩家是否已经知道哪张是黑牌？

嵌套问题

- 什么是知道一件事？
- 一个人需要做什么才能说他知道一件事？

此时，您需要准备好对孩子们说的话进行"测试"。每次"测试"之后，每次揭秘哪张牌是哪张之前和之后，都要将它们定位至任务问题："玩家是否（已经）知道哪张是黑牌？"

⊘ 可能发生的情景

（1）如果学生说："不知道，因为可能性是一半对一半。"（或者类似效果的表达）

> **说**：我们来测试一下。（我经常在每次"测试"之前这么说。）

> **做**：拿起所有牌然后洗牌，但这次确保你挑出的是两张黑牌。再次玩游戏。当他们发现两张牌都是黑色时……

> **说**：这次玩家不会错；无论他选哪张都是对的。那么，这是否意味着他就知道哪张是黑牌呢？

任务问题 **玩家是否已经知道哪张是黑牌？**

（2）如果学生说："不知道，因为他们看不到牌面。"

> **做**：拿起牌并**展示**你将要放到地上的那两张牌。一定要对拿出来展示过的两张牌做一些让大家起疑的事情，比如在白板前面走来走去，或者双手做一些"可疑"动作。然而，请勿更换展示过的两张牌，将它们按照您向大家展示的顺序放到地上。然后再玩一次游戏，揭秘哪张牌是哪张。

> **说**：你们都看过了牌面，这两张牌**现在**的位置跟你们看到的一样。那么，X 是否已经知道黑牌是哪张？

（3）如果学生说："不知道，因为您有可能在说谎。"

> **做**：拿起牌，向孩子们展示您要放下的牌。再做一些"可疑"动作。将牌按照展示的顺序放到地上。

> **说**：我给你们看过了，并且原样放到了地上。我没有对你们撒谎。这样的话，你们知道哪一张是黑牌了吗？

（4）如果学生说："不，因为我们不知道你说的是不是真的。"

> **做**：揭秘哪张牌是哪张，然后……

> **说**：看！我**刚才**没有撒谎。这是否意味着，在我翻转牌面之前，你们就已经知道哪张是黑牌了呢？

如果孩子们注意到您每次使用的都是同样两张牌（除了拿两张黑牌那一次），那请您提出以下问题，可以不是一次性提出：

> **说**：X[学生名字]注意到我每次用的都是同样两张牌。这是否意味着所有玩家就此知道每次哪张牌是黑牌了呢？这是否意味着下一位还会知道哪张牌是黑牌呢？

> **做**：以这种方式继续，测试他们每一次声称的 X 不知道的原因，但总是做点什么让事情留有令人怀疑的余地。始终试图留下令人存疑的空间，直到课程进入高潮。这时……

> **说**：好了，许多同学都说了，你们只能知道亲眼看到的事情。

> **做**：再次放下两张牌，牌面朝上面向大家——然后，当着大家的面，不使任何花招，也不做任何"可疑"动作，再次将牌面翻转向下。

任务问题　你是否知道哪张是黑牌？

✅ 最后的高潮

最终这种情况下……

> **做**：再次一目了然地将牌面翻转（朝下），要求大家分别举手示意：
>
>   a. 认为自己知道，分为
>
>   • 认为自己百分百确定知道
>
>   • 认为自己知道，但不是百分百确定
>
>   b. 认为自己不知道
>
>   c. 就是不知道
>
> 然后，在全班同学的注视下，将牌面翻转（朝上）。

> **说**：现在你们知道哪张是黑牌了吗？再一次要求大家举手示意：
>
>   a. 认为自己知道，分为
>
>   • 认为自己百分百确定知道
>
>   • 认为自己知道，但不是百分百确定
>
>   b. 认为自己不知道
>
>   c. 就是不知道

拓展活动

让同学们举出他们百分百确定知道的事例。针对每一个例子，问其他同学是否同意。

任务问题　　这个例子 X 是你百分百确定知道的事情吗？为什么？

相关课程

《曾经有一个如果》：六个智者；扁平的地球；诚实的萨伊德；火柴棒；辛巴达和岛屿

《幼儿哲学》：第七章"认识论：梦想与幻想"

《柏拉图错了！》（*Plato Was Wrong!*）：第三章"我知道什么？"

《"如果"机器》：盗窃案

《假如奥德赛》：遮瑕膏；讲故事的人；陌生人

《哲学商店》：认识论——知识

《哲学诗歌集》：你是怎么知道的？

代金券

对财富和商品分配的思考

通过开展课堂活动，围绕社会正义和财富分配，向孩子们介绍一些更为复杂且差别细微的问题。当您通过分蛋糕讲解完公平的概念后，就可以上这一课了（参见下文"相关课程"中的"泰迪熊的野餐"和"谁得到什么？为什么？"）。

所需器材和准备

- 一些"代金券"（可以用扑克牌充当，面朝下放在对话圈中间——数量大致跟班上教室里的人数差不多）
- 八张信息牌上写有相关信息（见下文）

相关学科

地理　　数学

个人、社会和健康教育（PSHE）

主要争议

什么是财富/商品的公平分配？是否要优先考虑分配、需求、平均或者其他原则？

可能存在的误解

"公平"仅仅等于"平分"

核心概念和词汇

分配	平均	公平
正义	需求	分享

关键引导方法

匿名：戴上盖吉斯之戒（参见第 6 页）

做：将代金券放在对话圈中间的地上。

说：我想让你们想象一下，你们都生活在这些代金券非常有价值的世界里。有了它们，你们能得到任何你们需要或者想要的东西。它们有点像钱。

任务问题　　你们将怎样分配这些代金券？

嵌套问题

- 应该如何分发代金券？
- 是否有规则规定如何分发代金券？
- 应该如何决定怎么分？
- 应该由谁决定怎么分？
- 可以如何管理？应该如何管理？

做：将班上的学生分成人数大致相等的四组——A、B、C、D，尽管并非必须如此（事实上，如果其中一组比其他组更大或者更小，会更有意思）。旁边放张纸写上各组编号。

说：现在，A、B、C、D每个组都是一个像城镇或者村庄一样的小社区。每个组都希望获得尽可能多的代金券。

重申任务问题 你们将怎样分配这些代金券?

做：在大家讨论的过程中，随机分发八张牌中的四张，每组一张。

八张信息牌：

（1）你们城镇大多数是残疾人。

（2）你们城镇大多数是高智商的人。

（3）你们城镇大多数是有犯罪背景的人。

（4）你们城镇大多数是熟练劳动者。

（5）你们城镇大多数是少数民族。

（6）你们城镇大多数是移民。

（7）你们城镇大多数是穷人。

（8）你们城镇大多数是有钱人。

再问一次任务问题 你们将怎样分配这些代金券?

嵌套问题

- 现在得到的信息是否会改变你们想要或应该分发代金券的方式？
- 是否有哪个群体应优先于其他群体？
- 是否能确定一个决定分配方式的原则？比方说，是否可以设定，**需求**决定代金券的去向？这个原则也可以是**平均**、**成绩**、**努力**、**才能**、**等级**吗？还有其他原则吗？

戴上隐形之戒

以下是应用匿名策略的方法（参见第 6 页的关键引导方法）。

（1）让孩子们想象他们是隐形的。强调谁也抓不到他们。

（2）给他们每人一张纸。

（3）要求他们私下写出，如果可以在不被知道的情况下拿走代金券，他们想如何分发代金券。说明没有人会知道他们写的是什么。所有人不能在纸上写下自己的名字。

（4）收集方案。（我总是会准备一个收集纸张的盒子。）

（5）随机选择一张并按照上面写的方法去实施。也就是说，如果上面写着"所有代金券都分给 A 组"，那就把所有代金券都给 A 组。

（6）读出您随机选择的指令，但不要向全班透露是谁写的。

（7）分享一些其他匿名方案。

任务问题　1a："隐形"是否会改变你本来想分发代金券的方式？

1b："隐形"是否应该改变你本来想分发代金券的方式？

相关课程

《曾经有一个如果》：公平泉；两个辛巴达；钻石谷

《幼儿哲学》：泰迪熊的野餐；动物快餐

《"如果"机器》：共和岛（代金券可以改成一系列共和岛会议的一部分）；盖吉斯之戒

《假如奥德赛》：讲故事的人（以匿名为例）

《哲学商店》：价值；政治，特别是更加公平的社会，谁得到什么？为什么？

截然相反

对对立面的思考

古希腊神权主义哲学家关于"对立面共存"的观念和中国的"阴阳"观都捕捉到了对立面既有共性又存在差异的特点。

所需器材和准备

- 准备要读的诗
- 准备放诗歌的幻灯片或者将诗发下去（二选一）
- 阅读附录 1 "同时回应"的内容

相关学科

读写（逻辑、意义）

数理（逻辑）

个人、社会和健康教育（PSHE）

主要争议

对立面之间是因为差异性还是相似性而被分开的？所有事情都有与它对立的一面吗？

可能存在的误解

对立面没有任何共同之处

核心概念和词汇

矛盾	相反
不同	共同
对立	相同
分享	相似

关键引导方法

紧张游戏

关键引导方法

紧张游戏——利用矛盾和对立

您可能总是忍不住想去消除孩子们回答中或者白板上收集到的信息中出现的矛盾（例如一个未知数："它必须是偶数"，同时"必须是奇数"）。但我们应该抵制这样做。紧张、矛盾和对立＝学习的机会。假如有的人自相矛盾了，这时"反应探测器"（参见附录 1）就该出场了："有没有人对此有什么想法？"如果有两个孩子——A 和 B——给出了相同的理由，但得出的结论却**相反**，那么同理，这种能让全班都来思考的机会正是您所希望的。这时鼓励 A 和 B 对话是有效的解决方法："A 同学，B 刚刚给出了与你相同的理由，但 B 认为'不是 p'而你认为'是 p'，对 B 的看法你有什么想说的吗？"有时候，孩子们表达的东西**听起来**似乎矛盾，实际上却可能需要区分哪些只是表面看起来矛盾而并非真的矛盾。但无论孩子们说的是否会导致矛盾，或只是造成表面矛盾，在任何情况下这都是收获学习成果的好机会：无论他们是因为矛盾而**抛弃**立场，还是通过细微差别来**改进**立场。

做：在上这节课之前，请先阅读附录 1 的"同时回应"和第 2 页的"走近诗歌"两部分内容。

说：下面我要读一首有些词缺失了的诗，名字叫作《截然相反》。请说出你们认为空白处应该出现的词。别想得太难，只要填一个词！这个词可以押韵，也可以不押韵。

" 截然相反

亮的对立面是什么？

_____。

重的对立面是什么？

_____。

你刚才说的是轻吗？

这对吗？

一能成为二的对立面吗？

那我的对立面又是什么？

_____。 **"**

（在这里停下来，进行第一轮探究。诗里已经有很多问题了，所以不需要再问其他问题。进行得差不多的时候，再开始读下一部分。）

" 黑色的对立面是什么？

_____。

蓝色的对立面是什么？

_____。

失明的对立面是什么？

_____。

那活着呢？

_____。 **"**

☑ 探究 2

❝ 对立面必须不同?

还是必须相同?

相同和不同是相同还是不同?

对立面本身是否逃脱了这场游戏? ❞

☑ 探究 3

任务问题 对立面的对立面是什么?

❝ 终极之谜助你

脑洞大开:

对立面的对立面

是否总得是它自己? ❞

☑ 探究 4

嵌套问题

- 某件事的对立面是不是刚好是对它的否定: 是 X/ 不是 X?
- 哪个更适合亮的对立面——"黑"还是"不亮"?
- "不亮"和"黑"是同一个意思吗?
- 是否有些东西有对立面?
- 是否有些东西没有对立面?

相关课程

《曾经有一个如果》: 不合适的正方形; 它

《"如果"机器》: 思考虚无; 金手指

《假如奥德赛》: 没有人的家

《哲学商店》: 语言和语意部分, 尤其是对错之间; 转晕了; 永远说"不"的奈莉; 双重否定; 当我们谈论话语时我们在谈什么

《哲学诗歌集》: 难题与悖论

矛盾大怪物

和前一节思维课类似，本课是用于理解"废话"的一次全新（诗歌）解析，是第5课"截然相反：对对立面的思考"的最佳拍档。

所需器材和准备

- 准备要读的诗
- 准备诗歌的幻灯片或者分发材料（二选一）
- 阅读附录 1 "同时回应"的内容

相关学科

读写（逻辑、意义）

数理（逻辑）

个人、社会和健康教育（PSHE）

主要争议

对立面之间是因为差异性还是相似性而被分开的？所有事情都有与它对立的一面吗？"矛盾是真的"；"矛盾是假的"。这两种表述矛盾吗？矛盾可以成真吗？

可能存在的误解

对立面没有任何共同之处

核心概念和词汇

矛盾	相反	不同	共同
对立	相同	分享	相似

⊘ 游戏：反义词

做：

这个游戏可以用在本课中，也可以用在第5课中。

（1）让全班站成一圈。

（2）首先，说出几个词，让班上的同学快速说出——不要思考太多——这几个词的反义词：

- 轻
- 重
- 现在
- 我
- 每一个
- 最上面
- 漂亮

- 三
- 是
- 零
- 不同
- 拖鞋（脱鞋）①
- 其他任何您能想到的有趣或者明显的词（混合起来）

（3）允许讨论有争议的词。记住：只需要一个人说出跟其他人都不同的答案就会形成争议。

（4）接下来，或者单独采用这种方式：绕着对话圈走，让每个人说出一个词，让全班说出这个词的反义词。这个游戏的目的是试图想到没有对立面的事物。

---

① 按照原例同音不同词的逻辑依中文习惯有所改动。

66 矛盾大怪物（又名：还没开始就结束的诗！）

矛盾这个大怪物

它不像你也不像我

它做的事情最奇怪，

是我们都做不了的事。

它轻轻敲敲帽子，说："你好"

然后在到达的时候便离开，

只有一只脚却穿着一双鞋，

它有许多刀却没有一把刀。

矛盾这个大怪物

刚出现又变了样，

晚餐时它来了，

越来越近却越来越小。

没有孩子的母亲，

他在夜晚唱歌给他们听。

矛盾这个大怪物

只在对的时候才犯错。 99

任务问题 ▶ 这首诗有意义吗？

做：跟全班一起过一遍诗中描写的各种情况，看看他们能否"有创意"地想到让"矛盾的"描述成真的方法。比如，有没有办法能让一个人单脚穿一双鞋？无论办法多么奇怪，也不管多不可能。一位母亲能不能是男人？有人会在对的时候却犯错吗？很多刀里面能没有刀吗？

解释什么是矛盾：

说："矛盾"是当你说出某句话，又说出别的意思相反的话，使得你之前说的话不成立。例如："今天是圣诞节，同时今天不是圣诞节。"

任务问题 ▶ 这首诗里面有真正矛盾的东西吗？

发现矛盾

这些是矛盾的吗？

切记：矛盾是指**一个陈述既是真的又是假的**。括号里辅助的指导性问题应该能帮助检测是不是矛盾。

- 这个句子是错的。（问题：这个句子是对的还是错的？）
- "我说谎了！"

  （参见第 129 页的"骗子的悖论"。问题：说这句话的人说谎了还是没说谎？）
- "我不是什么都没做。"

  （问题：你认为这个人是真的做了什么，不是什么都没做吗？参见第 54 页）
- 阳光灿烂，天空湛蓝

  晴空万里，一览无余

  但我心里却下起了雨。

  [出自歌曲《我心里下起了雨》（*Raining in my Heart*），巴迪·霍利（Buddy Holly）演唱，布莱恩特（Bryant）创作]

  （问题：这首歌里同时出现既是晴天又不是晴天，会是真的吗？）
- A："我不想再吃了，我不饿。"

  B："要来点儿布丁吗？"

  A："好的，谢谢！"

  （问题：A 既饿又不饿，你认为这是真的吗？）

相关课程

《曾经有一个如果》：不合适的正方形；它

《"如果"机器》：思考虚无；金手指

《假如奥德赛》：没有人的家

《哲学商店》：语言和语意部分，尤其是"对错之间"；转晕了；永远说"不"的奈莉；双重否定；当我们谈论话语时我们在谈什么

《哲学诗歌集》：难题与悖论

水杯

对精神力量的思考

本课程是对斯多亚学派和莎士比亚的介绍，同时也向老师展示了，如何让小学生接触莎士比亚。请参阅课程末尾了解更多莎士比亚相关内容的建议。

所需器材和准备

- 装半杯水的水杯
- 从《哈姆雷特》中选取片段制作分发材料或幻灯片（二选一）

相关学科

读写

个人、社会和健康教育（PSHE）

莎士比亚

主要争议

"好与坏"是一种心理状态还是世界本身的状态?

核心概念和词汇

态度   坏的   好的

精神力量   消极负面

乐观   知觉   悲观

积极正面   价值

关键引导方法

使用不当二分法

关键引导方法

使用不当二分法

不当二分法是指，以 A 或 B 两者之间的选择来设定某个问题或某种情况，但其实还存在（通常是故意的）未提及的其他替代方案（C、D 等）。正像"欢迎来假设"（参见第 130 页）一样，用二分法来设置问题或情形，**能**激发孩子们去寻求其他可选方案。万事开头难，开头简单了，事情就容易办了，二分法如出一辙：是/否、对/错、A/B。明智地采用此方法，将会是一个很好的思维训练工具；然而故意误导可就太顽皮了哦!

✓ 探究 1：水杯

做：装半杯水，放在对话圈中间大家都能看见的地方。然后提出以下任务问题。

任务问题   **1. 这杯水是半满的还是半空的?**

嵌套问题

- 这个问题有答案吗?
- 这是一个见解问题吗?

- 两者都可以吗?
- 玻璃杯半满/半空是好还是不好?

> **做**：允许大家围绕第 21 页的最后一个提问开展开放式讨论。

✅ 探究 2：概念应用训练

> **做**：下面这部分不是开放性问题，而是为了了解学生对任务问题 1 中引入概念的掌握情况。

有时适合引入以下词语。遇到这种时候，请在白板上写：

- 乐观主义者
- 悲观主义者

询问是否有人以前听过这两个词，看有没有人能向全班解释它们的含义。如果没有学生主动这样做，请用下面的释义来引入这两个概念：

- **乐观主义者**是指一个人总是用积极的眼光来看问题；总是看到事情好的一面。
- **悲观主义者**是指一个人总是用消极的眼光来看问题；总是看到事情坏的一面。

问题：

- 哪一种人会认为杯子是半满的？为什么？
- 哪一种人会认为杯子是半空的？为什么？

任务问题   **2. 当一个乐观主义者更好还是当一个悲观主义者更好？**

嵌套问题

- 这个问题有没有第三种选择？
- 第三种选择比当乐观主义者或者悲观主义者更好吗？
- 有没有一种选择是**不好不坏**的？这是什么意思？

✅ 探究 3：哈姆雷特的监狱

第一部分（探究 1 和探究 2）本身就是一堂很好的哲学课。接下来这部分更深入，可选择以下两种方式之一进行处理：完整使用从《哈姆雷特》中截取的片段，让全班来解读；或者直接跳到《哈姆雷特》的关键那一句（"因为世事本无……"）。前文关于水杯的讨论应该已经给全班提供了铺垫，能自行理解这句引用。我的建议是不要去解释这两部分的关联；给学生自己去建立连接的机会。因为您会想着对本课程进行思维导引，所以我建议不要让学生朗读摘录的片段。通常，我会让他们用戏剧化的方式来读，两个人各扮演一个角色；然后，我再对着全班完整正确地读一遍，并让大家举手，如果：

- 有不理解的字词
- 有不理解的短语
- 他们关于整个摘录片段有想说的看法
- 他们想说出对某个部分的理解

分发阅读材料，或者放幻灯片，然后读出以下内容。

> **说**：这段摘录选自莎士比亚创作的戏剧《哈姆雷特》。这部剧里面有一句著名的台词："生存还是毁灭，这是个问题"。我们这次摘录的是这部剧的另一部分，虽然没那么有名，却非常适合锻炼思维。

> **哈姆雷特**：丹麦就是一座监狱。
>
> **罗森·格兰兹**：那整个世界也是一座监狱？
>
> **哈姆雷特**：是的，一座美好的监狱。在这座监狱里有许多界限、病房和地牢，丹麦就是其中最差的一个。
>
> **罗森·格兰兹**：（我）不这么认为，我的殿下。
>
> **哈姆雷特**：为什么对你来说这里不是监狱；因为世事本无好坏，全在自己怎么想：对我来说它就是监狱。
>
> **罗森·格兰兹**：是你的雄心把它变成了监狱；对于你的精神世界来说，丹麦太狭小了。
>
> **哈姆雷特**：如果不是做了那场噩梦，即使被关在果壳之中，我仍以为自己是无限空间之王。

花一点时间来解释这段情节，然后把哈姆雷特说的下面这句话写出来或者用幻灯放出来：

> **哈姆雷特**：为什么对你来说这里不是监狱；因为世事本无好坏，全在自己怎么想：对我来说它 [丹麦] 就是监狱。

> **做**：如果是直接跳到这句名言，那就把下面这句话写在白板上，作为第三轮探究的开端。

> **说**：哈姆雷特：……因为世事本无好坏，全在自己怎么想……

> **做**：先问全班一个阐释问题（参见第 viii 页"不同类型的问题"）：你认为哈姆雷特说的话是什么意思？然后问以下任务问题。

任务问题　　你是否同意哈姆雷特的看法——真的是世事本无好坏，全在你怎么想吗？

做：让班上的学生举出一些好的或者坏的例子，不管您是怎么想的。下面这些情况可以跟大家分享（当孩子们找不到自己的例子时，或者为了补充他们的想法）：

- 考试不及格
- 彩票中奖
- 家人忘记了你的生日
- 文身师在你身上的文身中纹错了一个字
- 你最喜欢的宠物死了
- 发现自己已沉迷某事

拓展活动

一点儿哲学史

根据班上同学的年龄，来决定是否与他们分享以下信息。然后说出随后的名言，让孩子们来评判。您可以询问他们同意还是不同意。

斯多亚学派是古希腊哲学的一个分支，其名称来源于雅典集市上的"彩绘门廊"（希腊语 *stoa poikile*），许多早起的斯多亚主义者都在那里讲学。据说，斯多亚学派起源于季蒂昂人芝诺（Zeno，公元前 334—前 262 年），并由阿桑特人克雷安德（Cleanthes，公元前 330—前 230 年）和索利人克吕西波（Chrysippus，公元前 279—前 206 年）进一步加以发展。最著名的斯多亚主义者有：爱比克泰德（Epictetus，公元 55—135 年），最初是一个奴隶，后来由于他在哲学上的成就而成为自由人；塞内卡（Seneca，公元前 4—公元 65 年），古罗马皇帝尼禄（Nero）的导师和顾问；以及马可·奥勒留（Marcus Aurelius，公元 121—180 年），古罗马皇帝 [电影《角斗士》（*Gladiator*）里有他的形象]。"斯多亚"这个词已被收入英语词汇，意思是"毫无怨言地接受一些令人不悦的事"。斯多亚主义哲学的核心思想如下（这些内容都可以告诉孩子们——参见第 80 页"引述和讨论"）：

- 所有人都有获得幸福的能力。
- 人类有"彼此联结的手足情谊"，与动物不同，人类能够合理地造福彼此。
- 人类能够通过改变信仰来改变情绪和欲望。
- 斯多亚学派不太关心目标是否实现，更关心是否竭尽全力去努力。
- 斯多亚学派试图了解什么在个人能力之内，什么在个人能力之外，必要时改变能改变的，接受无法改变的。

爱比克泰德

"重要的不是你身上发生了什么，而是你对此做出的反应。"

"最关键的是只与那些会提升你的人保持联系，他们的存在会唤起最好的你。"

"通往幸福之路只有一条，那就是不要去担心那些超出我们意志能力的事情。"

塞内卡

"拥有掌握自己之力量的人是最强大的。"

"人生如同故事：重要的并不是有多长，而是有多好。"

奥勒留

"生活是否幸福取决于思想的品质。"

"我们听到的一切都是观点，而非事实。"

"什么样的思想造就什么样的生活。"

莎士比亚思想透露的更多哲学观点

应用 PaRDeS 法则（参见附录2）解读以下内容，并根据需要进行调整。

- 出自《麦克白》（*Macbeth*）的麦克白语"在那之后她应该已经死了"。

任务问题 ▶ 如果有意义的话，生命意味着什么？

- 出自《哈姆雷特》的哈姆雷特语"生存还是毁灭"。

任务问题 ▶ 问题是什么？答案又是什么？

- 出自《暴风雨》（*The Tempest*）的普罗士丕罗（Prospero）语"我们的狂欢现在已经结束"。

任务问题 ▶ 我们是不是就像做梦一样？

- 出自《一报还一报》（*Measure for Measure*）的克劳狄奥（Claudio）语"是呀，可是人死了"。

任务问题 ▶ 什么是死亡？我们应该害怕死亡吗？

同时参见哲学家伊壁鸠鲁（Epicurus）关于"不应害怕死亡"的理由。

- 出自《亨利四世》（*Henry IV*）第一幕法尔斯塔夫语"我为荣誉而战"。

任务问题 ▶ 荣誉是什么？光荣是好事吗？

相关课程

《哲学商店》：男孩与红绿灯系列课程

克里斯·沃马尔（Chris Wormall）的《最悲伤的国王》（*The Saddest King*）

《哲学诗歌集》：咬；快乐与悲伤

这是首诗吗?

对诗歌的思考

接近诗歌和让学生参与诗歌对老师来说始终是个挑战,不过有个好办法就是邀请学生来思考什么是诗(以及什么不是诗)。

所需器材和准备
- 一块白板,一支白板笔
- 将诗《购物清单?》和《我是首诗吗?》制作成要分发的材料或者幻灯片

相关学科
读写(诗)

主要争议
诗的定义是可以界定清楚的吗?

什么是诗? 什么不是诗?

核心概念和词汇

对句	格式	诗句	隐喻
诗歌	散文	押韵	韵律
合韵	明喻	诗节	

关键引导方法
快速返回主问(参见第7页)

关键引导方法

快速返回主问

另请参阅第7页的"快速返回主问"。在本课中,核心问题是"什么是诗?"所以,在孩子们回答任务问题"这是首诗吗?"的时候,为了鼓励他们给出相关且有用的答案,会经常(尽管不总是)需要返回到主要核心问题上来:"好了,如果这不是诗,那什么是诗? 为什么?"或者,如果任务问题是"诗必须押韵吗?",而回答是"不是",可以这样回到主要问题:"那么,如果诗不需要押韵,那诗需要什么呢?"假如继续在整个上课过程中不断返回这个问题,那您很有可能会得到一长串诗歌的必要特征,并且(可能)其中许多都是您当天打算要讲的内容,例如**押韵**和**韵律**,也可能还有一些其他内容,比如**艺术动机**或**自由诗**。

说: 今天的问题不由我来提出,而是由……嗯,就由它来提出——这就是我们要探讨的内容。

做: 在白板上写:

> 这
> 是
> 首
> 诗
> 吗?

要带领孩子们（参见第 7 页以及上文）回到对诗的疑问，而且要转换成开放式的特殊疑问句（参见附录 1）。

- 如果他们回答"是"，接着问："为什么它是诗？"
- 如果他们回答"不是"，接着问："为什么它不是诗？"
- 为了能在班上描绘出诗歌的概念，要始终围绕这一任务问题：

任务问题　　如果这不是诗，那什么是诗？

做：在白板上用概念图（参见第 88 页）的方式记下大家的答案。

嵌套问题

- "这是首诗吗"是不是诗？
- 如果是，为什么？如果不是，又为什么？
- 如果写成这样的格式呢：这是首诗吗？
- 或者反过来写呢：？吗诗首是这
- 这首诗能有多少种不同的表现方法？
- 什么是诗？
- 假如把它改成"这是首诗"，那它是诗吗？
- 再假如把它改成"这不是首诗"，那它又是不是诗呢？
- 还有"我是首诗"以及"我是首诗吗？"（参见下一页的《我是首诗吗？》）

拓展活动

边缘案例

下面有一些短诗的例子。

Mattina　　　　　　　　　　　　清晨

M'illumino d'immenso　　　　　　无限延伸的　我的光芒

　　　　　　　(Ungaretti)　　　　　　　　　　——翁加雷蒂

任务问题　　能把《清晨》从意大利语翻译成中文吗？

跳蚤　　　　　　　　　　　　　　我

亚当　　　　　　　　　　　　　　我们

有过　　　　　　　　　　　　　　　　　——穆罕默德·阿里（Muhammed Ali）

　　　　　——佚名　　　　　　　我讨厌的三件事

诗人　　　　　　　　　　　　　　讨厌

诗人？　　　　　　　　　　　　　清单

知道！　　　　　　　　　　　　　讽刺

　　　——彼得·沃利　　　　　　　——彼得·沃利根据网络热帖改写

任务问题　　以上这些例子是诗吗？

购物清单？

购物清单 A

谷物

绳子

草莓

面粉

罐子

布鞋

（酸）奶油

购物清单 B

谷物

绳子

草莓

面粉

罐子

布鞋

（酸）奶油

任务问题 假如其中一份是当作诗写的，另一份是当作购物清单写的，它们俩都是诗吗？

嵌套问题

- 浏览您列出的各项诗歌特征（参见概念图说明）。购物清单 A 或 B 是否具有您列出的任何特点？例如，它押韵吗？它有韵律吗？
- 两个例子之间是否存在明显的区别？
- 两个例子之间是否存在（难以察觉的）区别？
- 什么是"难以察觉的区别"？这重要吗？
- 作者的**意图**是否赋予了它成为诗或是购物清单的区别？如果这种区别很显著，那**意图**是一种"明显的"还是"难以察觉的"区别？

❝ 我是首诗吗？

我是首诗

尽管你可能不同意

我押韵，有韵律

还有一点儿意象：

"仿佛一幅小画"

——或许现在至少是。

它还是一个让你惊呼的

比喻！ **❞**

任务问题 《我是首诗吗？》是不是首诗？

嵌套问题

- 这首诗里说它押韵，有韵律、意象和比喻。它说得对吗？检查它是否具有这些特点。如果有的话，那它是不是就成了一首诗？
- 如果这首诗说它是诗，这是不是表示它就是诗？类似的问题可以比较一下：
  - 如果你说你是女孩，是不是就表示你确实是女孩？
  - 如果你说你在说某件事，是不是就表示你确实在说某件事？
  - 如果你问你的智能手机它开心吗，它回答"是的"，那是不是就表示它真的开心？
- 这首诗《我是首诗吗？》在骗人吗？如果真是这样，那它哪里骗人了呢？

微诗

《哲学诗歌集》里面的诗是用来培养哲学思维的。而"**微诗**"则是微博时代的**思考**，把你的微诗写出来，字数限定在140字以内。下面有两个例子。

> ## 思考的空间
>
> 没有思考的空间毫无意义
>
> 有 思 考 的 空 间 才 有 意 义
>
> 亻旦这空间不能
>
> 在钅昔讠吴的土也方

参阅课程"幽灵"（第1页），了解一种走近诗歌的方式，并参阅 PaRDeS 法则（附录2），了解如何将这样一首诗介绍给孩子们。

> ## 有点儿
>
> 我能够的。我应该的。我愿意的？有点儿。但是能够的少了点儿
>
> （short of）应该的。
>
> 我也是这样的吗？
>
> 是吧——不过只是少了点儿。

任务问题　　**诗中谈论的到底是谁在做什么?**

嵌套问题

- 你能大声朗读这首诗，同时用正确的字词代替错误的字词吗?
- 所有的"的"都应该替换成"做的"吗?
- "缺少（short of）……"和"……的简称（short for）"是一个意思吗? 诗里面用的是哪一种意思?
- "不过只是少了点儿"是指什么?
- 在什么情况下"能够的"会缺少"应该的"?

> **做**：让孩子们创作他们自己的**微诗**（不超过140个字）。

相关课程

《哲学商店》：哲学诗；未语之言；当我们谈论话语时我们在谈什么

《哲学诗歌集》

喵喵叫的狗

对身份同一性的思考

这堂新的思维课为理解复杂的个人身份同一性问题提供了一条较为轻松的途径。

所需器材和准备

• 准备将诗分发下去或者投影出来

相关学科

读写

个人、社会和健康教育（PSHE）

主要争议

是什么决定了某个事物是什么？

是外形还是行为更能决定某个事物是什么？

可能存在的误解

身份仅仅由他 / 她 / 它的物理属性来决定

核心概念和词汇

行为　　生物学

文化社会性别（gender）

身份　　内在 / 外在　　外形

自我概念　　生物学性别 (sex)

关键引导方法

切开它！（见下文）

关键引导方法

切开它!

仔细聆听，寻找需要区分清楚含义才能继续进行讨论的词语。比如，在回答"他自由吗？"这个问题时，有的孩子会说"在某个意义上说自由，在某个意义上说不自由，因为……"或者"我认为既自由又不自由"，又或者"我觉得一半一半吧"等等。这时，他们很可能对"自由"这个词的多重意思十分敏感（虽然不一定意识到了这一点）。当您听到这样的词语时，请提出以下问题来鼓励孩子们自发地进行区分："你认为 X 有不止一个意思吗？"或"你认为有不止一种方式可以做到 X 吗？"在讨论中，常常需要把这些区别讲清楚了，对话才能继续下去。同时，这也是一种从哲学讨论中获得积极成果的关键方式之一：学生可能还没有答出某个事物是否始终是同一个事物，但通过这种方法，他们或许已经学会了"同一个"这个词的不同用法。这是一种很重要的概念学习。在本节课上，孩子们会经常对两种身份决定因素进行区分：**你的内在是什么和你的外在是什么**。比如，关于猫和狗的所有讨论或许也可以应用到关于人的性别的讨论上。（参见第 32 页"下一步"。）

喵喵叫的狗

小狗汪汪汪！

老鼠吱吱吱！

天使在聆听！

人们在说话！

他们是你学到的第一件事

但是我有一条狗，

它发出的声音

却可能让你困惑

因为它会喵喵叫，

当它张开嘴

汪汪汪变成了"喵喵喵"

从外表看

我的狗就是一条狗，

但它里面

却不完全是一只猫！

任务问题 这是一条狗还是一只猫？

嵌套问题

- 什么时候狗不是狗？（此处假设了狗可能不是狗——参见第 130 页的"欢迎来假设"。）
- 什么时候狗会是猫？
- 狗的内在可以是猫吗？
- 猫的外在可以是狗吗？
- 什么时候猫就是猫？
- 什么时候狗就是狗？
- 什么是猫？
- 什么是狗？
- 狗 / 猫以外的其他东西可以是狗 / 猫吗？
- 如果你的某个东西看起来像狗行动却像猫，那它是狗还是猫？
- 外形像狗的猫和行动像猫的狗有区别吗？

探究更普遍意义上的身份认同

（1）首先，在白板上写 2=2，然后问以下任务问题：

任务问题 ▶ **1. 这是对的吗？**

（2）并排放两把椅子，然后问：

任务问题 ▶ **2. 它们一样吗？**

（3）接着问：

任务问题 ▶ **3. 这两把椅子和它们自己完全一样吗？**

（4）向全班介绍莎士比亚戏剧《奥赛罗》中的角色伊阿古。在他们反应出他说的话是什么意思之前（见第 5 步），不要告诉他们任何有关伊阿古的信息。

（5）在白板上写出伊阿古说的话："我不是我自己。"

（6）然后提出阐释问题：你们认为伊阿古是什么意思？

终极任务问题：

任务问题 ▶ **4. 你和你自己完全一样吗？**

下一步

《喵喵叫的狗》会引起大家有关性别问题的模糊讨论。《谁决定？》这首诗能让全班更进一步。因此，如果你的班级自己走到了这一步，或者您愿意（且感觉舒服）的话，可以朗读下面这首诗：

❝ **谁决定？**

谁决定我是高还是矮？
或者我的眼睛是什么颜色？

谁决定我穿什么衣服？
是选择蓝色还是粉色？

谁决定我喜欢哪部电影？
或者我最喜欢哪首歌？

又是谁决定我要做什么工作？
以及我是先生还是女士？ ❞

谁做的所有这些决定？

嵌套问题

- 有多少人参与了决策？
- 作为女孩或男孩是否决定了选择穿粉色还是蓝色的衣服？
- 你能选择自己眼睛的颜色吗？你能选择自己的身高吗？
- 你能选择自己喜欢哪部电影吗？
- 你能选择自己的生物学性别吗？
- 你能选择自己的文化社会性别吗？
- 生物学性别和文化社会性别之间有什么区别？（这一点可以成为一个研究问题——参见第 119 页。）

相关课程

《曾经有一个如果》：曾经有一个如果（第 1 部分）；没有名字的男孩；汪汪叫的猫

《"如果"机器》：人形；你在哪里？；忒修斯之船

《假如奥德赛》：讲故事的人；陌生人

《哲学商店》：詹姆斯和詹米玛[①]；品卡和阿文看世界：男女不同类？

《哲学诗歌集》：难题和悖论；你、我、外星人及其他人

————————

① 中文译本为：男生还是女生？

如果岛上岩石滑坡了

对现实、知觉和定义的思考

我考虑了很久要不要把这个著名的哲学问题放进我的书里。可是当我看到它总是不断地出现在教室里时，我知道我必须这么做。然而，对您来说也有个疑问：这是一个哲学问题还是科学问题？抑或两者兼而有之？

所需器材和准备
· 无

相关学科
科学（声音）

主要争议
声音的概念是否包含"振动波的**解释**"？如果没有任何东西可以感知振动，那还能有噪声或声音吗？

可能存在的误解
感觉跟产生感觉的客观原因相同吗？

核心概念和词汇
听　噪声　声音　解释
声音产生的客观原因（参见下文给出的词典上的定义）
知觉
对声音的主观经验（参见下文给出的词典上的定义）

关键引导方法
条件假设（见第 36 页）

说：现在请你们想象，在这个星球的某个地方，完全无人居住；也许是南极附近一个迷你的岩石岛。绝对没有任何种类的人或生物。突然间，发生了岩石滑坡。碎石子在尘土飞扬的斜坡上翻滚，直到海岸边才停下来。

任务问题　　周围没有人听到岩石滑坡的声音，那滑落的岩石是否发出了声音？

嵌套问题

· 什么是声音？

· 声音是否独立于我们的思想而存在？

· 声音需要解释吗？

- 周围没有人看到滑坡，是否就意味着岩石滑坡没有发生？这个问题和前面的任务问题之间有区别吗？
- 周围没有人，石子在翻滚的时候，空气是否仍然在流动？
- 周围没有人，流动的空气是否还能被转化为声音？
- 声音与噪声一样吗？
- 词典能帮我们解决疑问吗？
    - **定义 1a**：由听觉感知的感觉。
    - **定义 1c**：听的客观原因，即由振动的物体产生的能量，（它）通过介质（比如：空气）以纵向压力波的形式从声源向外传播。——朗文英语词典
- 根据定义 1a 答案是否定的，根据定义 1c 答案是肯定的，是吗？这样的话，那这个问题正好例证了通过刻画细微区别是**能够**解决问题的。（参见第 30 页的"切开它！"）

拓展活动

冥王星的黑暗面

说：这一次，我想让你们想象一颗遥远星体的黑暗面，比如冥王星，甚至是一颗彗星。想象一下那里发生了岩石滑坡。跟地球不同，在这个星体上是没有空气的。

任务问题　在冥王星的黑暗一面，没有人，没有任何种类的生命特征，也没有空气，这样的话岩石滑坡还会产生声音吗？

嵌套问题

- 空气是声音产生的必要条件吗？（这是一个很好的研究问题——参见第 119 页。）

做：一旦本次探究结束，返回第一个探究。

相关课程

《"如果"机器》：椅子（特别是最后的"外星人"场景）

《哲学商店》：寂静之声；耳中的乐曲；钢琴曲

条件假设

这是提问的一种形式，利用条件句结构"如果……那么……"来产生假设思维。例如，"**如果**一棵树倒在森林里，周围没有人听到它，**那么**它会发出声音吗？"在提问中使用条件假设的策略有以下几点好处：

- 避免讨论产生实际障碍（"如果我们可以交换大脑，那么珍妮和阿尔玛会在哪里？"——参见《"如果"机器》中的内容"你在哪里？"）

- 保持概念上的讨论

- 测试反对任务问题的想法（"如果 [孩子的想法] 独角兽不是真的，那么 [任务问题] 它们有几个角？"）

- 考虑其他观点或可能性（"如果独角兽不是真的，那么……"；"如果独角兽是真的，那么……"）

绳圈和圆环

要求孩子对事物进行分类是探索问题的有效方法，它能通过描画区别来解决问题（参见第 30 页的"切开它！"），还能发现可能存在的灰色区域。"现实眼镜"（第 119 页）中有一个分类练习，让孩子将事物分成两类："真实的"和"不真实的"。您可以在地上放置绳圈或者圆环，孩子可以在其中放置物品或者写了字的卡片 / 白板。使用不同大小的绳圈或者圆环，鼓励孩子去找到子集，然后将不同的集合交叠。举个例子，您可以用两个绳圈进行**"相同还是不同？"**的形状分类练习，其中一个表示"与正方形相同"，另一个表示"与正方形不同"。起初，一个孩子可能会把圆形放在"不同"的圈里，把正方形放到"相同"的圈里，接着却很难决定把长方形放到哪边。这是**相同**还是**不同**呢？这时需要的是一个新的类别——**相似**，但是他——因为没有第三类——却可能会将两个类别交叠，把长方形放在重叠的地方。他们也可能会把长方形放在两个绳圈**之间**的位置。

绳圈和圆环

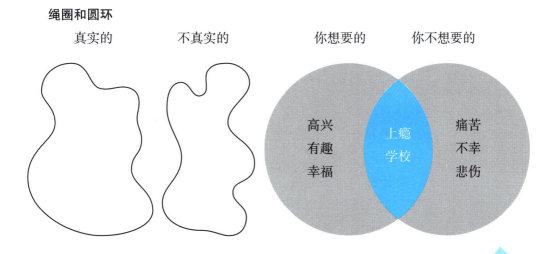

真实的　　　　不真实的　　　　你想要的　　　你不想要的

高兴　　　上瘾　　　痛苦
有趣　　　学校　　　不幸
幸福　　　　　　　　悲伤

可能是猫

对不确定的思考

本课受著名的思想实验"薛定谔的猫"的启发，包含两首新的启发哲思的诗，它们将围绕现实、可能性以及——借用一个经典的哲学表达——在场（thereness），引发精彩的讨论。

所需器材和准备

- 一个不透明的盒子
- 一幅手绘的猫（或者不是猫——见下文）的画
- 准备好要放投影或者分发的诗

相关学科

读写　　科学

主要争议

有没有一种状态介于是与不是之间？

核心概念和词汇

其他选择　　偶然性　　知识

可能　　或许　　可能性

虚拟语气　　（存）在

关键引导方法

引入适当的新想法

关键引导方法

引入适当的新想法

美国作家、医生和诗人奥利弗·温德尔·霍尔姆斯（Oliver Wendell Holmes，1809—1894）曾说过："一个人的思想拓展到一个新领域后，绝不会回到它原本的范畴。"与孩子们一起上课时，这可能是一种警告或建议。它告诫您不要把孩子们还没准备接受的想法强加给他们，否则可能会形成干扰。比如，我不会使用笛卡儿《形而上学的沉思》中有关"恶魔"的思想实验来给小学生上哲学思维课，因为它很可能不适合儿童，会干扰他们的思维。另外，霍尔姆斯的话也提醒您偶尔可以向孩子们提出建议，帮助他们打开思路去发现那些自己不太可能想到的想法，从而向新的领域"拓展"自己的思维。如果我要这样做（虽然我发现在引导孩子们的时候很少需要这样做），我会像本课一样准备多选项的列表。不过，每次您必须先等等看他们想出了什么，让班上的人有机会说出您想说的话。需要的话，只需将他们没有提及的内容添加到列表中即可。

本节课的以下准备工作应该在去学校之前在家完成。当然，您也可以不做任何准备，只需要画一幅猫的画，然后把它放到盒子里。但是，通过这一系列准备，它会增强本课的心理真实性，也会让您觉得更有趣。

做：给您的朋友或家人一个盒子和一张纸。对他们说下面的话：

说：我想让你画一只猫，或者不；你决定。接着，放到这个盒子里，或者不放。同样，也是你决定。然后，用胶带封上盒子——不管你做了什么，都不要告诉我！

做：完成后，将这个装有神秘内容（或者没装东西！）的盒子带到学校。开始准备上课时，将这个盒子放到教室中间，详细解释清楚，您对朋友或家人说了什么。然后提问：

任务问题 **1. 这个盒子里可能有什么？**

学生们应该会给出一些这样的答案：

• 盒子里面什么都没有。
• 盒子里有张白纸。
• 盒子里有张纸，上面画了一只猫。
• 等等。

准备好一些有趣的建议，比如盒子里有一幅完全不同的画。由于一开始的指令是"画一只猫或者不"，"或者不"可以有很多种解释：可以只是"不画任何东西"，也可以是"画没提到的其他东西"。所以，不要将他们的答案限制在我上面给的或者您期望的内容上。这是一个关于"不"和"无"以及"有"的**集合**与**子集**的有趣游戏。

任务问题   **2. 在我们打开盒子之前，那幅猫的画在吗？**

嵌套问题

- 通常，我们会说某个东西"在"或"不在"。是否存在别的什么东西是不同于"在"或者"不在"的呢？
- 桌子**在**吗？
- 一张想象的桌子**在**吗？
- 想法**在**吗？
- 记忆**在**吗？
- 什么东西**在**？（词语"在"有什么用？当我们使用"在"这个词时，我们在表达什么？）将"在"替换成"可能"，再问一遍这些问题。然后换成"是真的"再问一遍。
- 什么是"有可能"？"有可能"这个词怎么用？
- 什么是"可能的"？"可能的"这个词怎么用？

必要的话，您可以针对任务问题 2 给一些建议来打开孩子们的思路，想一些他们可能自己想不到的答案：

- 在？
- 不在？
- 在**同时**不在？
- 一半在？
- 或者其他没有提到的答案？

小贴士：与课程"假设盒子"（参见第 90 页）一样，快要下课时提出下面这个问题看孩子们有什么反应，常常很有意思。

说：我们要不要打开盒子看一看里面有什么，如果有东西的话？或者，你们认为我们这样做会破坏这节课的哲学宗旨吗？

我认为，那些选择不打开盒子的孩子，显示出了一定程度的可能超出他们年龄的心智成熟度。必须指出，我并不是说那些选择打开盒子的孩子在心智上就不成熟。

下面两首新创作的哲学诗能使本课进一步深入：

床底下的怪物？

我的床下**可能**有一只怪物，
它可能很可怕，也**可能**很有趣，
可能想一口口吃光我，
可能想要个朋友，
它**可能**孤独。

可能有爪子；
可能会害羞；
可能有尾巴
只有一只眼睛；
可能极大；
可能极小——
小到，
根本看不见。

可能很高；
可能很胖；
可能像一只猫
那么大
可能它饿了，
以及——
我已经说过了——
一只怪物**可能**
在我的床下。

我的被子下面**可能**有一只怪物
在等着给我一个惊吓
但是**可能**存在的怪物
没法把我带走，
因为**可能**存在的怪物
只有一半在那里。

任务问题 有东西可以"一半在那里"吗？

（参见任务问题 2 的嵌套问题。）

" 床底下的怪物

床上肯定有一个孩子

我坐在底下，床遮住了我的头，

将我藏在人们看不见的地方，

让我们怪物显得很神秘，

让我们只是**可能**在这里

让外面那些孩子**认为**他们听见了

怪物缓慢、嘶哑的气息……

就因为我们只是**可能**在这里

已经把他们吓了个半死！**"**

理解问题：

• 这首诗里说话的是谁或者是什么？

• 说话者在说什么？

嵌套问题

• 哪一个更可怕，是在场的怪物还是仅仅可能在场的怪物？

• 所以，怪物真的在吗？

• 你们怎么能害怕不在场（或者不存在）的东西？

• 虚构的怪物怎么能有看法？（参见第 122 页的"视角眼镜"。）

• 虚构的生物存在吗？（它们在场吗？）

• 神秘的生物存在吗？（它们在场吗？）

• 什么是虚构？什么是神秘？两者有何不同？

相关课程

《曾经有一个如果》：它

《"如果"机器》：古怪小店

《假如奥德赛》：无人先生的家；世界之下；岩石的恐惧

《哲学商店》：形而上学：虚构故事；意外的忏悔；迪娜看见鬼；"否则"机器；宙斯百无聊赖的时候会干啥；蝴蝶效应

《哲学诗歌集》：可能的世界？；石块

万物之书

对一切事物的思考

本课的主题是一切事物，但是如果您认为"一切事物"就意味着"一切事物"，那请再想一想！万物之书上没有的东西有时候才是令人惊讶的东西。我建议本课使用"绳圈和圆环"（见第37页）的策略。

所需器材和准备
- 一本大书（自选）
- 一些绳子或者圆环

相关学科
读写　　科学

主要争议
一切事物里面会包括些什么？虚无是否包括在一切事物之中？那非物也是一切事物的一部分吗？什么是事物？

核心概念和词汇
一切事物

知识及其局限

普遍性

宇宙

关键引导方法
绳圈和圆环（见第37页）

做：将那本大书放在对话圈中间的地板上。

说：请大家想象这本书巨大无比，因为这是一本万物之书；一本包含一切事物的书。

做：读下面这首新创作的哲学诗：

> ### 万物之书
>
> 想象一本书，只要一分钟，
> 没有任何遗漏；一切尽在其中
> 所有清单，所有数字，尽管无穷无尽，
> 都必须在里面，虽然并不适合在里面。
>
> 你会怎样书写它、阅读它或携带它？
> 你会怎样完成它，甚至开启它？
> 假如，作为奖品，你要赢得它，
> 请不要读它——就让它是它吧！
> 因为它会非常无聊。
> 不是吗？！

做：依次合理地提出以下问题，不过要留出足够的时间来探讨第一个问题。

任务问题　1. 万物之书里面可能会有什么?

任务问题　2. 万物之书里面可能不会有什么?

嵌套问题

- 什么是一切事物?
- 万物之书会在它自己里面吗?
- 虚无是不是一切事物的一部分?
- 有没有什么东西不是一切事物的一部分?
- "不是一切事物"是不是一切事物的一部分?
- 我们不知道的事物是不是一切事物的一部分?
- 未来是不是一切事物的一部分?
- 还没有出生的人是不是一切事物的一部分?
- 还没有被创造出来的词是不是一切事物的一部分?
- 我们能**知道**一切事物吗?
- 天堂是一切事物的一部分吗?

任务问题　3. "一切事物"这个词都包含些什么?

说：请想象你在写一切事物的清单，想象你在写可能会在万物之书中的东西。

任务问题　4. 有没有什么东西会在某一个清单上而不在其他清单上?

拓展活动

任何东西、某件东西、没有东西、每件东西
在地上放置各种物体，让大家都看得见，至少要有四五件东西。
（1）让某人去捡没有东西。
（2）让某人去捡每件东西。
（3）让某人去捡任何东西。
（4）让某人去捡某件东西。

1."任何东西"与"某件东西"的意思一样吗?

2."任何东西"与"每件东西"的意思一样吗?

如何知道一切事物

第二首**哲学诗**;这首诗的灵感来自一个 8 岁小孩说过的话:"如果存在任何不可能存在的东西,那么因为它存在,所以不可能存在任何不可能存在的东西。"

❝ 如何知道一切事物

是否存在无法回答的问题?

是否存在无法知道的事实?

是否存在无法说出的念头?

是否存在无法想到的想法?

是否存在无法经历的事情?

是否存在无法想象的事物?

是否存在无法存在的东西?

请回答以上每一个问题,

将**无法存在**的事物清单和**可以存在**的事物清单合并,

便得到了包括所有**无法存在**以及**可以存在**的事物在内的完整清单,

如此这般,到最后的最后,你就知道了一切事物。 ❞

这里通常不需要再提出任务问题,因为它通篇都是提问,应该会得到一些回答或者最终可能同意可能不同意的争论。如果必须提问的话,请问:

任务问题 **这首诗说得对吗?这是你们知道一切事物的方式吗?**

阿凡提第一天教课

这是改编自柏拉图《美诺篇》(*Meno*)对话的一个原创故事。它呈现出什么是**探究的悖论**,并提出一个问题:"我们真的可以学习新东西,或者找出我们不知道的东西吗?"

这是一个对话故事,因此可以在第一次和 / 或第二次阅读的时候让两名学生来表演。

做:首先阅读"阿凡提"的介绍段落(见第 72 页),然后再读故事。
对话内容中,可以随时停下来提问;不必一次性将故事讲完。

说：

这一天，阿凡提第一次当老师。

"在我告诉你们我要教你们什么东西之前，我想先问一下：什么是你们不知道的？"开始上课了。

一个学生对阿凡提说："好多东西我们都不知道，老师。"

"好的。是什么呢？"阿凡提问。

"嗯，我们也不知道是什么，因为我们不知道呀。"学生说。

"那就让我们来找出是什么吧！"阿凡提高兴地回答。

"怎样才能知道是什么呢？"学生问。

"我们要一起来探究。"阿凡提说。

"但是我们在找什么呢？"学生又问。

"我也不知道，因为我们还没找到呢，"阿凡提答，"所以，让我们开始找吧！"

"可是，您必须告诉我们在找什么呀，"学生坚持，"不然我们怎么知道我们找到的东西是不是要找的东西呢？"

"可是，如果我们已经知道我们不知道的是什么，那还要怎样去寻找这个东西呢？"阿凡提边说边感到有些迷惑。

"嗯……"学生也有点儿困惑。

"来吧！我们不要再浪费时间了。让我们开始探究吧，这样就能找到答案了。"阿凡提说。

他开始意识到当老师并不像他想的那样容易。

"好吧！"学生终于被说服了，"我们从哪里开始？"

"呃……"阿凡提不语。

任务问题　　他们应该怎样开始？

嵌套问题

- 他们的探究什么时候能结束？
- 你会如何开始寻找你不知道的东西？
- 如何知道什么时候知道自己找到了？
- 如果你不知道某件事，那你如何知道是否找到了它？
- 如果你知道某件事，那还有必要对它进行探究吗？
- 什么是探究？
- 什么是学习？
- 我们如何获得知识？
- 老师如何教授知识？
- 有没有好的教学方法？有没有糟糕的教学方法？
- 你们弄懂这场讨论的意思了吗？

相关课程

《曾经有一个如果》：六个智者；汪汪叫的猫

《"如果"机器》：无限填充；"永远"的尽头；古怪小店；思考虚无

《假如奥德赛》：无人先生的家；世界之下

《哲学商店》：形而上学（许多条目，特别是"本体论"和"虚构故事"）

句子

对含义、结构和关系的思考

所有分享过这一堂课的同事，都说这堂课应该拿给更多人看，所以请访问网页（http://www.philosophy-foundation.org/resources/40）看看这堂关于数字和读写课程的演示。我觉得这是我开发的最重要的哲学课程之一，因此必须在此进行介绍。

所需器材和准备

- 在 A4 纸或卡片上准备一系列对比鲜明的符号（如果卡片足够厚，孩子们无法看透它，那就更好了）。例如：
  - 数字 1～10（每个数字在一张单独的纸上）——"0"也可以
  - 所有运算符号：×，−，+，÷，=（也是每个符号在一张单独的纸上），以及两组括号"（""）"和"（""）"
  - 一些形状：正方形、圆形、三角形（分别在单独的纸上）
  - 一些图片：猫、树枝人、蛋糕、半块蛋糕等
  - 一些加法："1+1+1""2+2"等
  - 一些词语："猫""人""一个""三个""形状"等
  - 定义/描述：关于猫的、关于正方形的、关于蛋糕的等
- 将所有准备好的上面有符号的卡片面朝下放在对话圈内的地板上
- 用五张"？"卡片作为占位卡
- 还可以准备一些颜色、字母、表情符或音符……

相关学科

读写　数学

主要争议

数学句子的结构能否跟非数学的值一起用？如果可以，怎么用？究竟什么是句子？

核心概念和词汇

功能　　含义　　运算
关系　　句子　　结构
值

关键引导方法

理解网（见第 52 页）

有了这些符号，您可以用它们来做任何您喜欢的事情，来帮助孩子们探索含义、结构和关系的本质。但是，为助您入门，下面提供一些使用以上符号进行探究的建议。

做：将五张占位卡放在地上。我说五张，是因为一个标准的数学加法算式共有五个符号，例如 2+2=4。不过，也可以放任何数量的占位卡。

［？］［？］［？］［？］［？］

☑ 探究 1：找到含义，创造含义

做：叫一个孩子上来随机选择一张面朝下的卡片，将它放在 "?" 的位置，然后叫另一个孩子也这样做。继续，直到所有问号卡都被随机选择的符号替换，例如：

"1+1+1"， ， "狗"， +， 10

任务问题 1. 这个"句子"有意义吗？（这是本课中很有用的会反复快速返回的问题。）

任务问题 2. 有没有可能通过移动卡片使这句话讲得通？

做：多次重复该练习，任凭所需。随机创造句子给学生来解释或者移动卡片。

意义测试

整堂课上，都要使用以下方法来测试内容是否有意义。如果"句子"通顺合理，那班上应该有人能说出是什么含义。句子越模糊，解释就可能越广泛。每当有人造出一个句子时，要求他们不要马上说出它的意思，直到听到班上有人说出他们关于这句话内容的一些想法。只有这样，他们才会说出他们本来打算表达的意思。

☑ 探究 2：什么是句子?

说：（在合适的时机）说：我一直称这些 [地板上的结构化符号] 为"句子"。它们是"句子"吗？

任务问题 3. 它们是句子吗？

嵌套问题

- 能解释为什么是或者不是吗？
- 怎么样叫作有意义？
- "句子"（sentence）和"意义"（sense）这两个词有关联吗？[这是个很好的研究问题（参见第 119 页）。]

> **做**：写出一个孩子们说的例子来测试他们的想法违背了自己的直觉。因此……
>
> - 如果有人说（英文）句子是"以大写字母开头并以句号结束"，那就写"P"。然后再提一次任务问题4。
> - 如果有人说句子"必须包含一个动词"，那就写"P 走"。（有个女孩曾说，如果"P"是一个人的名字，那这就是句子。）
> - 如果有人说句子是"一组在一起的词语"，那就从课堂上随机找一些词，然后随意写到黑板上，但要保证这些词在某种程度上是"在一起"的。
> - 以这种方式继续，每次都回到任务问题4，直到他们能比较满意地描述出一句话的定义。

为了帮助解决可能存在的各种争议，请利用课程中出现的各种不同寻常的例子来测试他们给出的定义，像是图画句子、混合句子（算术和文字）、人物句子等等。比如可以说："那么，如果句子'是一串有意义的词'，那你是如何造出自己的句子的？你造的不是句子，还是说句子也可以没有词？"

⊘ 探究 3：看见含义

尝试以下句子和您创造的其他句子：

- $3=1+1+1$

- 正方形 + 三角形 + 圆形 = "形状"

- 正方形 + 三角形 = "房子"

- 蛋糕 + 人 = 笑脸   （提问：= 符号跟下文"检阅恒等性"中描述的相同吗？如果不同，那这里的用法有何不同？）

✅ 探究 4：完成含义

让孩子们完成下列句子：

- "蛋糕图"，分隔符，4，=？
- "狗的图"，+，"猫的图"=？
- ?，+，2，=，43
- "分隔符"，?，=1"人"=？

-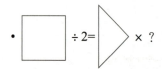

当我拿出下面这个算式时，8 岁的迪伦只是在正方形中间画了一条线，一半标 1，另一半标 2，然后在最后加了一个"2"。

-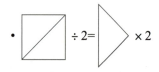

✅ 探究 5：检阅恒等性

> **做**：问他们 "=" 的意思。探讨并把他们的答案做成概念图（参见第 88 页）。

> **说**："=" 的意思是"相等"或者"相同"。那么，这些句子有含义吗？
>
> - ▢ ="正方形"="一个四条边等长、四个角都是直角相连的封闭平面图形"
> - 1+1+1，=3
> - 3，=，1+1+1
> - =，=，"相同"
> - =，"相同"，=
> - "相同"，=，=

✓ 探究 6：制造意义

做：给学生空白纸，让他们用现有符号创造自己的句子，必要时也可以用新的符号。设置各种不同的任务，例如：

- 运用数学运算符号（×，—，＋，÷，＝）创造一个句子，但不使用数字（所以可以用图画、形状、文字等，但不能用数字）。
- 只用图画来创造一个句子。
- 用他们自己来创造一个句子。（我曾经教过的一个班在这一课上利用身体和面部表情创造了一个表达式，非常成功。）
- 只使用图画和运算符号来创造一个每个人都能以相同方式理解的句子。（使用"意义测试"——参见第 48 页。）
- 创造以"三角形图片"结尾的图片句。
- 创造以"4"结尾的数字句。
- 创造以"蓝色"结尾的颜色句。
- 创造以"立方体"结尾的文字句。

拓展活动

读写句子

按照上述思路设计并开展关于语文句子的类似课程。使用简单表达，如"天在下雨"和"雪是白色的"，连接词有"和""或""因为""所以""如果……那么……""当且只当……的时候"；然后添加任何需要的词语，如形容词、名词、动词、否定词等。尝试像前文一样把它们跟图片、数字、数学符号等混在一起。

相关课程

《曾经有一个如果》：汪汪叫的猫；诺言拖鞋

《"如果"机器》：金手指；金字塔的影子

《假如奥德赛》：阴云密布

安德鲁·戴伊的《数字诗》：这个加那个等于十；中间位；正骨；真正的买卖；两个正方形的想法

《哲学商店》：语言和语意

《哲学诗歌集》：神奇的词语；一起来写诗；令人惊叹的数字；难题与悖论

哲学基金网站：安德鲁·戴伊的"虎斑猫塔比是只猫"

理解网

开展哲学探究时，您不是在教学，而是在引导。然而，这并不意味着教学和引导是两件完全分开的事情。探究为教学提供了许多准备的机会：观察、诊断、评估并将教学材料融入其中。但最重要的是，探究可以让孩子们相互教学。在上"句子"这节课时，一个名叫布莱欧妮的 8 岁女孩创造了她自己的句子：☐ = "正方形" = "一个四边相等、由直角连接的封闭的平面图形"，还额外画了她自己的 "=" 来完成句子。当被要求解释句子含义时，她说 "=" 的意思是 "等同于"。鉴于许多孩子会认为 "=" 意味着 "答案"，这是一个当时有必要向全班澄清的一点。如果遇到这样的加法："1+1+1"，"+"，"1"，"="，"4" 以及反过来的写法："4"，"="，"1+1+1"，"+" "1"，大多数孩子都不理解第二个式子。那些理解了的人就可以非常清楚地向那些不懂的人解释。事实上，由于您已经从这个教学氛围中脱离出来，于是就给孩子们留下了空间和机会，让他们相互教授您本来可能想继续教给他们的东西。

相关课程

参见《"如果"机器》一书中的"理解网"，了解更多关于该方法的内容。

条件假设、快速返回主问和打开封闭式问题

这种组合策略有利于鼓励学生有条理地进行思考和表达，含蓄地请学生表达他们所说的话是不是他们对问题的看法。因此，如果问题是"计算机能思考吗？"那么他们会认为"会"或者"不会"，以及"其他答案"，如"会**同时**不会"——参见第 30 页的"切开它！"——或者什么答案也没有（比如当他们没理解这个问题的时候）。如果学生持有不附带条件的正面观点（"会"或者"不会"），那这个问题就可以变成一个陈述："是的，我认为计算机可以思考。"这是他们的结论。但孩子们并不总是会这样表达；他们可能只是说"思考就是计算"。这时，给这句话设定条件（参见第 77 页），并快速返回主要任务问题（参见第 7 页）："好的，如果思考就是计算，那么计算机能思考吗？"借此引导学生来决定（或承认？）他们的结论（尽管是暂时的"会"）。然后，提出一个简单的开放式问题（参见附录 1）来了解他们的理由（或前提）："想说说为什么吗？""因为计算机会计算，所以……"这里隐含的论证思路是：

- 如果计算机会计算，那它就能思考（因为计算就是思考）。
- 计算机会计算。
- 因此计算机能思考。

从逻辑角度来看，这也为您提供了一个可以在课堂上引入争议的合理机会——"计算和思考相同吗？"（参见第 110 页的"概念比较"）——因为"计算就是思考"这句话是假设条件，根据哲学对话的逻辑和顺序，这句话需要被质疑。（特别参见第 vi 页的"所需器材和准备"。）

什么都不做

对做和虚无的思考

你做过最多的事情就是什么都不做！这是可以跟《"如果"机器》中的"思考虚无"进行完美对比的一节课。

所需器材和准备
- 一块白板和一支笔
- 发言球之外的另一个球

相关学科
读写　科学（力）

主要争议
有没有可能什么都不做？没有意愿和作用力的事情能变成行动吗？

可能存在的误解
动词仅仅是表示"做动作"的词，被做和做是一个意思。

核心概念和词汇
行为　　作用力　　任何东西

存在　　做　　事件　　力

正在发生　　意向　　虚无（没东西）

某物（有东西）　　动词

关键引导方法
"做"的破圈

关键引导方法

"做"的破圈

这是一个基本的概念分析技巧，鼓励孩子在解释概念时不要陷入循环定义。按照说明使用这个方法，用您希望孩子们分析的任何词来代替"做"。

> **说**：我希望你们说出"做"的意思，但不要在答案中说"做"这个词。句子开头用"它的意思是……"，而不必用"做的意思是……"。

做：

（1）在白板的左上角写"它的意思是……"。

（2）给全班一两分钟的时间，互相聊聊什么是**做**。

（3）然后将他们的想法做成概念图（参见第88页）好让大家讨论。如果有人不小心说了"做"，请让他想另外一个字或词来代替"做"。如果他想不出，请其他人来帮助他。

说：今天，我有一个任务给你们。这个任务就是：什么都不做。请两两讨论一下你打算怎样才能什么都不做。然后，当我举起球，如果你认为你可以表演如何完成这个任务——什么都不做，就请举手。

做：给全班一分钟来思考如何做到什么都不做。随后提醒他们要能够在全班面前表演出什么都不做。邀请学生来表演"什么都不做"。

与任何基于任务的哲学启蒙一样，这一部分讨论的模型是让人"什么都不做"，然后再问全班是否认为这个同学做到了什么都不做。根据需要多次重复该互动；也就是说，只要让那些认为能做到什么都不做的人和那些认为做不到什么都不做的同学互动，就能让课堂出现对争议的讨论。如果答案一致阻碍了良好争议的出现，记得使用想象中的分歧者策略（参见附录 1）。

☑ 做动作的雕像

说：请所有人起立，像雕像一样摆个姿势。保持这个姿势静止不动 20 秒。

任务问题　**雕像是不是什么都没做？**

嵌套问题

- 如果雕像站立不动，那这些雕像有在做什么吗？
- 雕像做的是站立吗？雕像做的是不动吗？
- 如果有人推了雕像一下，把它推倒了，那这尊雕像有做过什么吗？
  - 什么是**去做**某件事？
  - 什么是在做？
  - 什么是动词？动词只是表示做动作的词吗？

下面这些词 / 短语是在做动作的例子吗？

- 坐着
- 睡觉
- 死了

做动作的球

把球传给班上某个学生（X）。向全班提以下两个问题：

- X [代入该学生的名字] 有做动作吗？
- 球有做动作吗？

向全班展示一个（结构精良的）论证过程：

雕像站在那儿，

"站"是一个动词，

动词是表示做动作的词，

因此，雕像确实做了动作。

随后，请学生们评判这个结论："你们同意这个看法吗？""她之所以得出这个结论是因为深信动词**仅仅**是表示'做动作'的词"（参见前文的"可能存在的误解"）。这就提供了一个很好的机会，来向孩子们解释动词不只是表示**做动作**或**行为**的词。

> **任务问题** 人类意志是像引力一样的力吗？

做动作的机器人

给一个机器人编程让它去实施比如偷东西之类的行为。

> **任务问题** 1. 程序员做了什么吗？

> **任务问题** 2. 机器人做了什么吗？

> **任务问题** 3. 谁应该对该行为负责？（此处还涉及道德层面的讨论）

盒子里的虚无

任务：找到虚无！

给全班布置任务：**找到**虚无并将虚无展示给大家看。如有必要，可以解释今天您带来并将向大家展示的是**虚无**。拿出空盒子，打开给大家看，并解释"这里面就是**虚无**"。如有必要，随后可以问这个问题：

任务问题 ▶ 我已经成功找到虚无并展示给你们看了吗?

游戏：雕像

为了好玩一点，可以请全班同学都站起来，摆出像雕像一样的姿势。游戏的目的是保持站立不动或不笑一分钟。您需要做一些小事来试图分散他们的注意力（但不要太多！），比如拍拍他们的脸，碰碰做奇怪动作的人或者发出搞笑的声音。如果谁动了或笑了，就算"出局"，要坐下来。获胜的是那些一分钟后仍然站立的人。

课堂上的海德格尔

德国哲学家海德格尔的名言："虚无虚无着。"

阐释问题：你们认为这句话可能是什么意思?

任务问题 ▶ 虚无本身在做什么吗?

相关课程

托尼·法榭丽（Tony Facile）的《让我们什么都不做》（*Let's Do Nothing*）

《"如果"机器》：思考虚无；盗窃案

《哲学商店》：坏事干得太容易；伊米的盒子；幸与不幸；并非静止不动的文具；哎呀！；好人戴立克

西比系列故事：思考测试

对思考的思考

本课是《"如果"机器》里西比系列故事的拓展，但也可以独立成课。
我想建议您利用这个机会让孩子们开动脑筋思索他们自己进行思考的
过程：他们是如何得出答案的？又是怎么知道自己得出了答案？

所需器材和准备

• 计算器

相关学科

数学　机器人　科学
假设测试（设计一个公平的测试）

主要争议

算出答案的能力就是思考吗？如果正确
回答一道算术题证明了西比会思考，那
回答错误的人就不会思考吗？

可能存在的误解

出现思考现象就等同于思考

核心概念和词汇

计算　思考　理解　算出

关键引导方法

条件假设、快速返回主问和打开封闭式
问题（参见第 53 页）

《"如果"机器》向读者介绍了不善于结交朋友的杰克和他的机器人朋友西比，以及他的人
类朋友托尼的故事。西比和杰克在上过我课的孩子们中间已经成了长年热门的人物。本课
是该系列第二个故事——托尼的测试——的拓展活动，可以穿插到故事大段的叙述里进
行，也可以单独成课。然而，这节课并非仅仅是对"托尼的测试"的重写，因为本课内容
涵盖了同一场辩论的不同角度："计算机能思考吗？"您可能会想要将拓展活动——"你
们会思考吗？"——跟课程内容合并到一起，而不是等到之后再进行。

说：杰克是一个很腼腆的男孩，始终不善于结交朋友。他的爸爸拥有一座制造机器
人的工厂，于是专门给杰克制造了一个机器人朋友，取名 CB1000，杰克昵称其为
"西比"。当杰克向他的人类新朋友托尼介绍西比的时候，托尼起初拒绝相信西比能
够成为一个真正的朋友。托尼给出的理由是真正的朋友要能够思考，所以托尼争辩
说：西比不能思考，因为他只是机器人。可杰克认为机器人也可能会思考，于是建
议进行一次测试，彻底测一测西比能不能思考。

1. 能不能设计一个测试来证明西比是否能思考？

嵌套问题

- 什么是思考？
- 什么是测试？
- 你会如何测试能不能思考？
- 进行测试的时候需要考虑哪些（变量）？
- 需要什么才能证明这一点？

做： 允许孩子们分组或两两思考这个问题，然后分享几个观点。问全班是否同意设计的这个测试能验证西比能否思考。如果已经上过"假设盒子"的课（参见第 90 页），那可以先设定一个假设：

假设： 机器人能思考。

2. 需要做什么才能证明这个假设的对错？

仅在为了补充孩子已提建议的必要情况下，使用以下示例。以下争论的产生基于我在课堂上经常听到的案例；出于这个原因，您会发现孩子们很期待托尼和杰克的争论。建议您在讲故事的时候让全班也来"做"测试。此处会用到计算器。

说： 杰克建议可以问西比一道算术题，如果西比回答正确，那就证明了西比能够思考。于是杰克问西比："12 加 10 等于多少？"西比立刻回答："22。"托尼和杰克自己算了一下这道题的答案，认为西比的回答完全正确。

做： 让孩子自己想一道他们有能力验证的算术题。

3. 这样就证明了西比能思考吗？

说：接着，托尼说这还不能证明西比会不会思考，因为这道题太简单了，于是他说："除非西比能回答比这难得多的题，才能证明他会思考。"然后，他问西比："1000减175是多少？"

西比毫不犹豫地答："825。"

杰克看着托尼说道："对吗？我不知道呀！"

托尼也满脸疑惑："我也不知道。得来算一算吧？"

任务问题 **4. 西比对吗？你怎么知道？**

说：他俩算出了答案，发现西比又答对了，这时托尼说："可这对一台计算机来说还是太简单了。我们得想一道最难最难的题。"

任务问题 **5. 假如西比能正确答出这道杰克和托尼想出的最难最难的算术题，这能证明西比会思考吗？**

嵌套问题

• 当你算出了这道最难最难的题，是否能证明你可以思考？

• 什么是思考？

拓展活动

你们会思考吗？

做：您可能希望班级将探究方向转回到自己身上。如果是这样，请确定您了解他们如何计算和验证答案是否正确。向他们提问，能算出答案是否可以证明他们能够思考？您会注意到有些人会以不同的方式测试答案。请大家举手回答以下问题（以及您认为相关的其他问题）：

• 请自己算出答案的同学举手。（然后，问他们是怎么算的。还要问他们对自己答案的确定程度。他们如何确认自己的确定程度？）

• 请那些因为班上算术高手说知道自己才"知道"的同学举手。

• 请只有用计算器验算一遍才"知道"的同学举手。（问他们如何知道计算器算得对不对。）

• 请只有老师告诉你答案才"知道"的同学举手。（问他们如何知道老师的答案对不对。）

任务问题 **1. 能算出加法"12+10"是否证明你能思考?**

嵌套问题

- 假如得**不**出答案,是否证明你**不**能思考?
- "算出答案"和思考是一回事吗?
- 假如思考不等同于算出答案,那么区别在哪里?
- 大脑是不是像一台计算机?

错误!
试着在计算器上键入 6 除以 0 这样的算式。

任务问题 **2. 这告诉了我们什么?能说明计算机是否能思考吗?**

多聪明的手机啊,那又怎样?
我的同事安德鲁·韦斯特利用他手机上的"智能个人助理和知识导航"功能进行了一次会话。他"向手机"提了一系列问题:

- 法国的首都是哪里?
- 2+2 等于几?
- 2+2+2+6098 等于多少?
- 附近有没有火车站?
- 今晚上天气怎么样?
- 你聪明吗?

任务问题 **3. "我的手机聪明吗?"**

嵌套问题

- 你会问什么问题来证明我的手机聪不聪明?
- 我的手机比婴儿还聪明吗?

相关课程

《"如果"机器》:西比系列故事

《哲学诗歌集》:思想和大脑

《哲学商店》:心灵哲学;语言和语意,特别是零的加减乘除

神奇魔术变没了

对存在的思考

这是我最喜欢的课堂设计：令人失望的假冒魔术；我认为它能带来一场不错的思考。这个设计有两个常见问题："究竟为什么这不是 X？"以及"如果这不是 X，那什么是 X？"（另请参阅第 4 页的"有一个想法"和第 130 页的"心灵致动师"）

所需器材和准备

- 一个球（不是发言球）
- 只装了少量水的玻璃杯
- 一些乐高积木（或类似玩具）

相关学科

科学（溶解、蒸发、扩散）

主要争议

有没有可能让某种东西不复存在？一个

物体跟组成这个物体的部件相同吗？

核心概念和词汇

原子	是	存在	同一性
物体	部分	维持	

能量守恒定律

⊘ 第一部分：廉价的把戏！

说：今天我要表演一个非常棒的魔术。你们准备好了吗？最好准备好了，因为表演非常精彩！我要让这个球 [举起球示意] 不复存在！准备好了吗？马上开始！[把球放到身后。] 不见啦！

做：允许他们回应，如有必要，请提出下面的初始问题：（注意，不要将问题变成"我让球消失了吗？"这是一个完全不同的问题！）

初始问题 ▸ 我让球不复存在了吗?

✅ 第二部分：再试一次

说：好的，我要再试一次。现在我要继续让球不复存在。

做：走出教室，把球放到门外的地上，走回来然后关上门。

说：不见啦！

做：允许他们反应，如有必要，再问一遍初始问题。

初始问题 **我让球不复存在了吗？**

如有必要，再做一次，这一次转向主要任务问题：

任务问题 **如果有办法的话，你怎么能让球不复存在？**

嵌套问题
- 对于一个事物来说，什么是存在？
- 有没有可能让某个东西不复存在？
- 一个东西跟构成这个东西的部件相同吗？
- 以上方式能不能让球不复存在（所有提议均来自课堂）：
  - 炸飞它？
  - 把它放到没人知道它在哪里的地方？
  - 把它解体？
  - 把组成它的原子放到宇宙其他地方去？
- 存在是什么意思？

拓展活动

乐高游戏

做：拿一些乐高积木（或者类似的建造类玩具），叫一个孩子用这些积木拼出一个碗或笔筒（换句话说，他们可以用积木拼成任何他们能拼成的东西）。在碗里或笔筒里装满东西，这样它们就被当成了碗或笔筒使用。

任务问题 它是 [代入物体名] 吗?

嵌套问题

- 在你拼出来之前, 它是个 [代入物体名] 吗?
- 如果它是个 [代入物体名], 那它是什么时候成为 [代入物体名] 的?
- 如果它是个 [代入物体名], 是什么使它成为 [代入物体名] 的?
- 如果它不是个 [代入物体名], 那它是什么?
- 如果有人拼了一辆汽车, 那它是辆汽车吗?
- 玩具车和笔筒之间有区别吗?

做: 叫一个孩子彻底把它拆成零散的积木。提出以下任务问题:

任务问题 你是否已经让 [代入物体名] 不复存在了?

嵌套问题

- 一个物体跟组成这个物体的部件相同吗?
- 各个部件跟它们组成的这个物体相同吗?
- 如果它不再是 [代入物体名], 那刚才的 [代入物体名] 到哪里去了?

相关课程

《曾经有一个如果》: 水人; 六个智者; 树木的耐心; 清晰如云彩的边缘

《"如果"机器》: 椅子; 你能两次踏入同一条河流吗? ; 忒修斯之船; 重建

《哲学商店》: 刀子的发明; 一大堆练习? ; 消失的铅笔人; 回溯; 他已不再是从前的那个他

哲学基金会网站: 在另一个班级 (关于"模糊"的教学案例)

计划

启动对商业道德的思考

这是一个很适合对商业道德以及更普遍意义上的"好"及其不同表现形式启动更深入思考的机会，例如有道德的好（"不撒谎是好的"）、有谋虑的好（"带上伞可能是件好事"）以及有用的好（"邀请他来我的生日会很好，这样他也会邀请我去他的生日会"）。

所需器材和准备

- 学习要讲述的故事
- 一把剪刀
- 白板和笔

相关学科

个人、社会和健康教育（PSHE）

主要争议

这个男孩在道德上做错了吗？良好的商业意识总是有道德的吗？商业与公道之间是什么关系？

核心概念和词汇

商业道德　　计算　　企业家精神
好（有道德、有谋虑、有用）
解决问题　　风险

关键引导方法

是 / 应该是的提问（参见第 71 页）

做：首先朗读或讲述下面这个故事。它适合采用一点"即时戏剧化"（参见第 153 页）的方式来演绎，以帮助班级理解故事的细节。（这个故事有很多互联网版本。这是我自己的复述。）

说：有一天，一个男孩从一位农民那里买了一只价格为 50 英镑的山羊。可是，当农民来送羊的时候，他却对男孩说羊已经死了。男孩要求退钱，但农民承认他已经把钱花掉了，所以无法退还给男孩。

男孩想了一会儿，然后说："好吧，我还是会把羊带走！"农夫惊讶地说："好啊，如果你确定的话。"然后在男孩改变主意之前迅速把羊交给了他。

过了一段时间，农夫碰到那个男孩，发现他穿着十分精美的衣服。"你看起来很有钱！"农夫说，"你用我卖给你的那只死去的羊做了什么？"

"我以 2 英镑一张票的价格把它抽奖抽掉了。"男孩微笑着说道。
"当他们发现羊是死的，那些购买抽奖券的人不会生气吗？"农夫问道。
"不会，"男孩回答说，"因为唯一一个发现的人是中奖者。我只是向他道歉，并告诉他羊不幸已经死了。然后我把 2 英镑退给他，还另外补偿了 10 英镑。他对此非常满意。"
"那么，你卖了几张票？"农夫问道。
"两百张。"男孩说。
"也许如果我的羊死得更多，我会更富有！"农夫说。
"你需要的不仅仅是死了的羊；你需要一个计划。"男孩说完，便一边数着他的钱一边离开了。

理解问题：你能解释这个男孩的计划，以及这个计划是如何让他变得有钱的吗？（如有必要，可使用白板帮助大家一起来拼凑这个计划。）

此外，您也可以用下面的方法来促进理解：

（1）让所有人两两组成搭档 A 和 B。

（2）让 A 和 B 两人面对面。

（3）给 A 一两分钟的时间，向搭档 B 讲述故事里发生了什么。

（4）然后让 B 说出他们认为 A 遗漏或者说错的地方。

任务问题 这个男孩的计划是一个好计划吗？

嵌套问题

- 这里的"好"是什么意思？
- "好"还有其他含义吗？（例如有道德、有谋虑、有用都是好；参见下一页的"破圈"活动，让孩子们自己来梳理它们之间的区别。）
- 男孩做的事情正确吗？
- 假如你是中奖的人，你会介意吗？
- 假如你是没中奖的人，你会介意吗？
- 如果你是那个农民，你会介意吗？
- 男孩做错了吗？

破圈

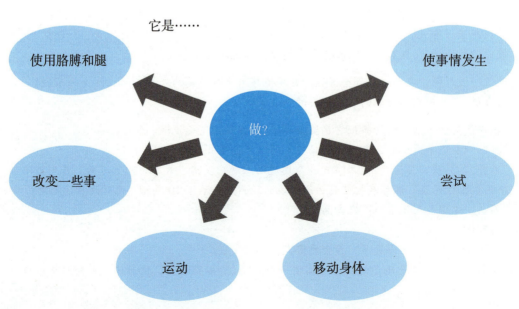

它是……

使用胳膊和腿

使事情发生

做？

改变一些事

尝试

运动

移动身体

运用"破圈"策略（参见第 54 页）解读概念"好"——手里拿一把剪刀，然后将下面三个问题放在一起进行对比。将它们写在黑板上，以帮助全班明了这三个问题：

（1）这是一把**好**剪刀吗？

（2）男孩的计划是一个**好**计划吗？

（3）这个男孩是一个**好**人吗？

嵌套问题

• 这三个提问中的"好"是一样的"**好**"吗？

拓展活动

男孩会说什么？

当孩子们回答第三个问题时，您可能会想让"男孩"来回应同学们的质疑。如果这样的话，可以问孩子们是否愿意代替男孩来回应（换言之，就是角色扮演），允许班上的学生跟这个男孩进行对话。不同的孩子可能会用不同的回应来扮演这个男孩，甚至可能同一个孩子也会有不同的回应。

相关课程

《曾经有一个如果》：大教堂Ⅱ；公平井；两个辛巴达；钻石谷；马鞍；一千零一夜

《"如果"机器》：共和岛；盖吉斯之戒

《假如奥德赛》：岩石的恐惧

《哲学商店》：恶；菲利和索菲照顾蛋；查理的选择；销售员

《哲学诗歌集》：淘气城

哲学基金会网站：共和岛——梅琳娜·拉·弗罗伦斯（Melina La Firenze）的经济学

做哲学

做而思之

本课的思维小训练能起到很好的热身作用。一旦了解了它们背后的思路，您便能按自己的想法自由发挥。这个思路就是在任务或问题中设置概念性的冲突，让孩子们来解析，例如"没有视力能看见东西吗？"[参见伊恩·吉尔伯特（Ian Gilbert）的《思维转换手册》（*Little Book of Thunks*），了解更多这类问题和任务]。

所需器材和准备
- 随机数生成器（可选）——见下文

相关学科
读写
个人、社会和健康教育（PSHE）

主要争议
X 和 Y 两个概念匹配吗？

核心概念和词汇
完成　　做　　哲学
成功　　任务　　测试

关键引导方法
给我看看！以及可为之事（参见第 70 页）

本课的想法是提供一种跟常见问题略微不同的通向哲学之路（参见第 4 页的"有一个想法"介绍的一系列启发哲学思维的主要途径）。可以把这些方法当作有趣的热身活动，虽然它们也可能导向对问题本身的全面探究。其中有的与其他课程直接关联，有的独立成课。大多数小"任务"都包含概念上的冲突（参见第 110 页的"概念分析"），需要班级去阐明以解决问题。比如，"故意失误"的任务包含"故意"和"失误"之间可能存在的冲突。概念"失误"含有的意思（如意外），因此"故意失误"的概念是无意义的。然而，仅仅通过查阅词典来解决这个问题并不容易；应强调**概念分析**（参见第 110 页）和词典定义之间的区别。为了帮助孩子们，请参阅下文的"**分解质疑**"（另请参阅第 72 页的"谁是对的？"）。我有一些孩子完成这个任务的案例。8 岁男孩英迪格用否定的方式完成了任务——去做本不打算做的事情：他只是坐在原来的位子上说，"我本来打算站起来告诉大家怎么去做本不打算做的事情，但是现在我不想这样做"。女孩苏菲问班上的其他同学要做什么；他们说"坐在地上"，她照做了。精彩！其他同学踊跃发言。

说：今天，我们要用略微不同于以往的方式来上哲学思维课。我们要用行动做我们的哲学。首先，我会提出一项任务，让几名志愿者来尝试顺利完成任务。然后，我会邀请班上其他同学来判断志愿者是否完成了任务。有没有人自告奋勇？

做：从下面选一项任务：

- 做没有选择的事情。（另见《哲学商店》的"形而上学：自由"）
- 做不用动的事情。（另见第 54 页的"什么都不做"了解完整的相关课程，以及《哲学商店》的"坏事干得太容易"）
- 做你不想做的事情。（另见第 84 页的"日记"了解完整的相关课程，以及《假如奥德赛》的"海妖塞壬"和在线补充内容）
- 做改变未来的事情。（参见第 112 页的"时光机器"了解完整的相关课程，以及《哲学商店》的"形而上学：时间"）
- 做不可能的事情。（另见《哲学诗歌集》的"不可为之事"和"更多不可为之事"，以及《哲学商店》的"聪明绝顶？"）
- 故意弄错。（另见《哲学商店》的"意外的忏悔"）
- 胳肢自己让自己感觉到痒痒。（另见《哲学商店》的"不高兴先生挠痒痒"）
- 做不打算做的事情。（另见《哲学商店》的"'否则'机器"和"宙斯百无聊赖的时候会干啥"）
- 把东西藏到自己找不到的地方。（另见《哲学商店》的"努力想要忘记和不花心思想起"）
- 做没有理由的事情。（另见《哲学商店》的"上升"）
- 两个人必须同时追逐对方。（另见《哲学商店》的"转晕了"）
- 做不用想就能做的事情。（另见《"如果"机器》的"思考虚无"）

针对所有这些任务提问，同时也适用于本书的其他任务：

任务问题 ── **X[代入志愿者的名字] 成功完成任务——[代入任务描述]——了吗？**
（例如，英迪格成功完成任务——做不打算做的事情——了吗？）

☑ 分解质疑

（另请参见第 72 页的"谁是对的？"）

为了帮助班级解决每项任务中的问题 / 争议，请确保孩子们抓住了问题中的每个主要概念，并将问题分解为对每个概念的质疑。例如，执行"故意弄错"任务的时候，对每个志愿者都提出以下两个分解问题：

- X 的尝试是故意的吗？
- X 的尝试错了吗？

该策略被我称为"分解质疑"，其适用情况普遍，有助于将复杂的问题分解为较容易解决的小问题，同时确保孩子们能对每个相关的概念组件做出回答。

相关课程

见以上任务列表。

给我看看!

封闭式问题甚至在孩子有机会好好思考问题之前就会给出他们的答复（见附录 1）。这意味着，非常年幼的孩子在能够做出回答之前都不必完整地表达他们的答案。而且，在某些情况下，连说话都可能成了问题，特别是对于非常年幼的孩子（3 至 5 岁）。所以，这里提供另一个策略：**你可以让孩子们演示给你看。** 当你用道具（例如泰迪熊）展示你的刺激物时，这个策略特别有效，可以把场景"戏剧化"[参见贝里斯·高特（Berys Gaut）和莫拉格·高特（Morag Gaut）的书《幼儿哲学》（*Philosophy for Young Children*），了解如何做到这一点的一些精彩例子]。如果一个孩子正在努力解释一个想法，或者压根没说出任何话，这时只需指向道具并说"你能演示给我看看吗？"或者，给他们一块白板和一支笔说"你能画给我看看吗？"感谢哲学基金会早年的专家斯蒂夫·霍金斯先生提出的这个非常简单但有用的小建议。

可为之事

在我的书《哲学诗歌集》中，有一首名为《不可为之事》（第 74～77 页）的诗，它邀请读者去思考一些无法做到的事情。"可为之事"则是一种相关的提问策略，问的是"有没有可能做 X？"（比如，"你有没有可能做你不想做的事情？"）这是一个**引导性问题**，但我认为这是一个**好的**引导性问题（并非所有的引导性问题都不好！只要你对答案**正确与否**均持无所谓好坏的开放态度，那它就不是个糟糕的问题）。但是，只有当孩子们发现执行任务有困难的时候，才使用这个策略——如果他们无法当场实际**执行**任务，但是随后却可以**想出**完成任务的方法，比如藏自己的东西。该策略直接对孩子们提出质疑，让他们去设法想出完成任务的方法，或者干脆得出不可能的结论。

是/应该是的提问，或者事实如何/应该如何

如果学生对道德或伦理问题给出了**描述性**回答（我称之为"事实如何"），请随之对此提出**道德式**提问（我称之为"应该如何"），要注意不要把问题**说教化**，也不要使用表示轻视的词"但是"，可以用"以及"或"那么"代替。比如，问题是"如果有人打你，你也打回去，这样可以吗？"有人回答："每个人都这样做。"那您的后续问题可以是"那么，如果每个人都这样做，是否意味着我们**应该**这样做呢？"这是引导性问题的另一种情况。跟第68页"做哲学"中的例子一样，我觉得这是引导性问题的一种合理运用，因为孩子们常常不知道**是与应该的区别**，而且这枚道德硬币的两面存在必要的逻辑关系。如果您希望学生对此跟您持同一种观点，并企图通过这类提问来达到目的，那这就是一个**糟糕的引导性**问题。所以，如果有学生得出结论认为事实情况表明我们亟须道德约束，那么很可能这个学生是**道德自然主义者**（见下文）。如果班上孩子年龄足够大，那就没有理由不向他们解释这两者之间的区别。下面有一个很好的可以伴随**事实如何/应该如何提问策略**普遍使用的任务问题，围绕这个提问可以进行良好的哲学探究。

任务问题 如果很多/所有人都做 X，那是否意味着 X 是正确的做法？

小贴士：试着在 X 处替代各种各样的事例，比如（或者让孩子们提供事例，以下这些作为备选）：

- 玩/喜欢足球
- 撒谎
- 杀戮
- 诚实
- 遵守/违背承诺
- 卖房子时不透露房屋的所有缺陷（给老师的提问）

嵌套问题

- 如果只有一个人做了 X，这是否是做或者不做 X 的理由？
- 做 X 的人数是否会影响我们是否应该做 X？
- 正确的事和人类所为之间有关吗？
- 我们对动物的看法一致吗？
- 比较下面两个例子：
  - 狮子会杀死人，因此狮子杀人是可以的。
  - 人类会杀死人，因此人杀人是可以的。
- 现在比较这两个：
  - 狮子已经进化成肉食动物，因此狮子吃肉是可以的。
  - 人类已经进化成肉食动物，因此人类吃肉是可以的。
- 以上例子中关于狮子和人类的事实告诉了我们狮子和人类应该做什么吗？
- 我们应该怎么做源于事实怎么样，这种观点就是"道德自然主义"。道德自然主义者认为**事实是怎样的**至少在某种程度上告诉了我们**应该怎样做**。例如，有的人道主义者会这样争辩："人类已经发展出了社会性和道德性，因此人类**应该**向着道德上善的社会发展。"（对于那些认为没有理由从**事实如何**衍生出**应该如何**的人来说，该论点犯下了所谓的"自然主义谬误"。）

谁是对的？

对不同意见的思考

每个人都有权拥有自己的观点，这一公认的箴言是否表明一个人的观点不可能会错？本课邀请全班来自行解决这一争议，同时为您提供一些协助他们的模式和策略。

所需器材和准备

- 将诗歌《阿凡提的皇家晚餐》准备成幻灯片或要分发的材料（二选一）
- A4 纸或小白板

相关学科

读写　　逻辑

个人、社会和健康教育（PSHE）

主要争议

两个持不同意见的人可以都对吗？

可能存在的误解

观点不会错

核心概念和词汇

争论　　信仰　　矛盾

不同意见　　真相

关键引导方法

分解质疑

打开封闭式问题：例证

关键引导方法

分解质疑

这是当你提出一个具有多个相关概念组件的问题时，将其转换为多个子问题以确保孩子们能解答各个子问题的方法。因此，下面这个例子里，问题"两个持不同意见的人能够同时都对吗？"可以被拆解成两个"子"问题：一是："在你的例子里，他们都对吗？"二是："这是不同意见吗？"（参见第 68 页的"做哲学"，了解该策略的更多实例。）

☑ 对阿凡提的介绍

说：阿凡提是一个起源于土耳其的故事人物，但他的故事在世界上许多其他文化中都有流传。阿凡提——也被称为霍加·纳斯列丁或毛拉·纳斯列丁——有时聪明有时糊涂，有时失业有时又是法官或宗教领袖。他的故事往往诙谐幽默，充满费解的难题，同时又引人深思。很多故事很短，甚至根本都算不上是故事。

做：向全班朗读或讲述以下故事。

说：阿凡提已经走向了全世界。在这个故事中，他扮演的是一名法官。今天，他要听一桩两个邻居之间存在分歧的案子。第一位邻居站在阿凡提面前，向他解释自己对事情的看法。阿凡提专注地听了十分钟左右。邻居讲完，阿凡提考虑了一分钟，然后说："你是对的！"接下来，第二位邻居来到阿凡提面前，开始解释他对事情的看法。阿凡提再次倾听，再次考虑，然后说："你是对的！"此时，阿凡提的妻子一直在听着整件事情。当她听到阿凡提对第二个邻居说的话，便站起来说道："阿凡提！他俩不可能都是对的！"阿凡提想了一会儿，然后对妻子说："你是对的！"

任务问题 那么，谁是对的？

嵌套问题

- 在两个人持不同意见的情况下，有没有可能两个人都对？
- 在两个人持不同意见的情况下，是不是只有一个人能对？
- 是什么决定了对还是错？
- 对和错仅仅是观点的问题吗？
- 每个人都能是对的吗？
- 什么是观点？
- 什么是事实？

关键引导方法

打开封闭式问题：例证

由于这个故事的抽象本质（没有介绍分歧的具体内容），请记得用**例证策略**来打开学生的思路（参见附录1的"封闭式问题"）："能举个例子吗？"

为了帮助全班理解这个故事晦涩的逻辑，我在白板上写了以下这些，写的时候让全班（用大喊大叫的方式）来填空：

（1）阿 对 邻1 = "你是对的！"
（2）阿 对 邻2 = "你是对的！"
（3）妻 对 阿 = "他们不可能都对！"
（4）阿 对 妻 = "你是对的！"

任务问题 如果阿凡提的妻子是对的，两个邻居还能都对吗？

补充完整这个故事

> **说**：到现在为止，我们不知道两位邻居究竟对什么事情产生了分歧。所以，你们能想一些两个人意见不同却都对的例子吗？可能你们会认为这不可能，不过先让我们来看看能不能想得到吧。

> **做**：给孩子们交谈时间，思考例证。

此处使用快速返回主问（见第 7 页）和分解质疑（见第 72 页）的策略。将所有举出例子的小朋友快速拉回下面两个子问题：

（1）［这个例子］有分歧吗？

（2）双方都对吗？

成功的例证要能对这两个子问题都回答"是"。邀请全班同学来回答，不仅仅是那些举例的孩子。将例证写到白板上，或者分别写到两张纸或两个小白板上，并排放到一起，像这样：

❝ 我最喜欢的颜色是红色。❞　　**❝ 我最喜欢的颜色是蓝色。❞**

这里有一些我听过的例子：

- 我和我的朋友，当我们还小的时候，曾经争论。我说："我比你高。"她说："不，我比你矮。"最后，这两个女孩认为两人都**是**对的。但这并不是真正的不同意见，因为她们只是**认为**她们意见不同。听起来像是一个正确的分歧。
- "猫很可爱。"/"猫很可怕。"

下面这些例子如有必要可以试着拿到班上讲，记住要将孩子们快速拉回前文的子问题 1 和 2：

- "我最喜欢的颜色是红色。"/"我最喜欢的颜色是蓝色。"
- "最好的颜色是红色。"/"最好的颜色是蓝色。"
- "2+2=4"/"2+2=5"
- "我认为 2+2=4"/"我认为 2+2=5"

有的孩子会说这样的话来分析问题："两个都不对"或"他们不可能是对的"。

内容版

这是我提供的另一个版本的阿凡提故事，它为第一个阿凡提故事补充了一些内容结构。

> **阿凡提的皇家晚餐**
>
> 阿凡提被邀请跟最高权位者
> 国王和王后共进晚餐，
> 最最高。
>
> 据说食物非常美味，
> 有史以来最好吃，
> 最最好。
>
> 国王宣布汤最好吃——
> 阿凡提衷心同意。
> 可王后说："不，羊肉最美味"——
> 阿凡提衷心同意。
>
> 王后提醒阿凡提，
> "对两个人都说'是'没有意义；
> 刚刚你同意了国王的说法。"
> 阿凡提对此这样辩解：
>
> "我侍奉的是我的国王和王后；
> 不是汤和羊肉！"

任务问题 那么，阿凡提是否给我们提供了一个"两人意见不同但都对"的例子？

死亡之桥

做：点击此链接给大家展示该场景：https://goo.gl/lBLYp8。

说：在影片《巨蟒与圣杯》中有这样一个场景。亚瑟王和他剩下的骑士们，在寻求圣杯的过程中，来到一座横跨"无尽危险之谷"的桥面前。桥上有一名阻止人们过桥的守卫。当第一位骑士——兰斯洛特爵士——接近"死亡之桥"时，守桥者说，"要想过此桥，必答我三问。"兰斯洛特爵士被问到三个简单的问题："叫什么名字？""在寻求什么？""最喜欢的颜色是什么？"他很容易就答出了问题并被允许过桥。下面是加拉哈德爵士回答问题时发生的情况：

守桥者：站住！叫什么名字？

加拉哈德爵士：加拉哈德·卡美洛爵士。

守桥者：在寻求什么？

加拉哈德爵士：寻求圣杯。

守桥者：最喜欢的颜色是什么？

加拉哈德爵士：蓝色。不，黄——啊啊啊！！［他被扔下了无尽危险之谷］

任务问题　　像是最喜欢的颜色这种问题有可能会答错吗？

嵌套问题

- 最喜欢的颜色这种偏好问题怎么会答错？
- 能不能因为跟谁在一起的原因，而虚伪地说某个不是你最喜欢的颜色是你最喜欢的？在这种情况下，你说的最喜欢的颜色是错的吗？
- 即使你是诚实的，你回答的最喜欢的颜色有没有可能是错的？
- 有没有可能不知道自己最喜欢的颜色是哪个？
- 如果你不知道自己最喜欢的颜色，那还有可能存在对错吗？
- 最喜欢的颜色会变吗？
- 如果最喜欢的颜色会变，那是否意味着你的回答有可能是错的？

相关课程

《曾经有一个如果》：汪汪叫的猫；六个智者；扁平的地球；火柴棒

戴维·伯奇的《中学生哲学思维训练》：事实与观点（尽管这是一本中学用书，但这一课也适用于高小的学生）

《"如果"机器》：金字塔的影子

《假如奥德赛》：船长还是船员？；阴云密布

《哲学商店》：绿色的想法睡得很愤怒；未语之言；对错之间；转晕了；菲利和索菲数数；零的加减乘除

尺子

对知道和盗窃的思考

受到《哲学商店》中迈克尔·汉德（Michael Hand）的"铅笔"条目的启发，本课用了一个看似毫无争议的日常事件作为起点，让孩子们通过应用合理的怀疑来思考知道、盗窃以及这两者之间的关系。

所需器材和准备
- 一把标准的学生用尺
- 一个不太标准、外观更独特的物体

相关学科
个人、社会和健康教育（PSHE）
所有基于知识的学科

主要争议
什么时候你能说你知道某事？所有拿了他人东西的案件都是盗窃案吗？知道在盗窃案中起什么作用？

可能存在的误解
认为知道某事和知道某事是一回事吗？

核心概念和词汇
借　　发现　　目的　　知道
所有权　　同意　　财产　　盗窃

关键引导方法
条件假设（见下文）

关键引导方法

提问策略：条件假设

本次探究过程非常适合观察提问策略**条件假设**（参见第 36 页的"条件假设"）的工作原理。想象一下，你回到教室，另一只手里握着一把尺子，一个孩子说："这不是同一把尺子，因为拿它的是**另一只手**。"也许你可能根本不记得之前是哪只手拿的尺子，那么处理这个情况最简单的办法就是（对全班而不是只对说话的孩子）说："假设我回到班上时是用不同的手拿着尺子，那是否表示我拿着的是不同的尺子？"条件假设也可以用于处理孩子们对故事的回应。比如有人说："也许他知道这是珍妮的，也许他看到过她使用它。"这时可以从两个方面来进行假设（参见第 111 页的两分假设）："假设他的确知道那是珍妮的尺子，这种情况下他拿走尺子是不是就是偷？"让大家回应，然后接着问："那假设他不知道那是珍妮的尺子，只是看到一把尺子，于是他拿走尺子，这还是不是偷？"

做：拿一把标准的尺子或者类似的学校里有很多件的物品，一定要没什么特殊标记。

说：我有一把尺子，正如你们所见。

做：随身带着尺子离开教室一小会儿，然后回到教室。

任务问题 1. 这是同一把尺子吗？

任务问题 2. 你知不知道这是不是同一把尺子？

嵌套问题

- 如果知道，那你是怎么知道的？
- 什么叫作知道？
- 你是怎样知道一件事的？
- 你是怎样知道你知道一件事的？
- "认为知道一件事"和仅仅"知道一件事"之间有区别吗？

✅ 场景1

做：在课堂上叙述以下场景（像《小猪佩奇》里的旁白那样！），运用戏剧化的表演方式，让几个同事或孩子来表演（参见第153页的"即时戏剧化"）。给扮演"珍妮"的表演者一把尺子。

说：珍妮有一把尺子。她非常喜欢她的尺子。这是她最喜欢的一把尺子。这一天不知道什么时候，她的尺子不见了。把尺子弄丢了，珍妮非常难过。她难过地到学校去上课，没有了尺子。

【珍妮下场，地上留下一把尺子——"丢失的尺子"。】

说：过了一会儿，萨姆出现了。他神情懊恼，因为他今天忘记带尺子了。萨姆正走在上学的路上，一会儿上课需要用尺子。这时，就在他前方的地上，他看见了一把尺子。"太好了！正是我需要的。"他想。萨姆捡起这把尺子，高高兴兴地带着它去上课，这一天他有尺子用了。真是美好的一天，赞！

任务问题 萨姆偷了珍妮的尺子吗？

嵌套问题

- 什么是偷？
- 在这个任务问题里，知道有影响吗？如果有，它有什么影响？
- 你能够偶然偷东西吗？

✅ 场景 2

- 可以重复该场景，第二次表演的时候将尺子替换成不太标准、外观更独特的其他东西。

- 您可以指出，"尺子"是学校财产，然后回到任务问题：萨姆偷了珍妮的尺子吗？

一般应用

开放性刺激（拿着尺子走出教室，然后再走回来）有更广泛的应用：您可以将这种刺激运用于希望孩子思考其**身份同一性**的任何物体上，思考某个东西是否还是原来的那个东西，或者两件事是不是同一件事。您甚至可以让某个孩子走出教室（也可以自己这样做），再回到教室，然后问："[代入孩子名]还是同一个人吗？"

使用 = 符号

所有年龄段——包括幼儿园——的孩子都可以参与讨论身份同一性的另一种方式是，询问二者是否相同。您可以在白板上写两个词，中间画等号，后面标问号。例如："思想 = 大脑？"或者，您可以贴两张纸或两张卡片，一张写"="，另一张写"？"，然后简单地将字符（如水和冰）置于合适的位置或将词语写在 A4 纸或白板上。这一做法的目的是让孩子们理解符号"="的意思是"等同于"，而不是"答案是"。试试下面这些练习（另参见第 47 页的"句子"和第 30 页的"喵喵叫的狗"）：

- 奥德修斯 = 尤利西斯？

- 正方形 = ☐ ？

- 2=2 ？

- 4=2+2 ？

- 相同 = 相似？

相关课程

《曾经有一个如果》：六个智者；扁平的地球；诚实的萨伊德；岛屿

《"如果"机器》：盗窃案

《哲学商店》：丢失的铅笔；谁偷了谁的铅笔？（"尺子"可以被认为是对迈克尔·汉德和格雷林这两个作品的拓展。尝试将迈克尔和安东尼的课程戏剧化）；帕碧熊历险记；知道这回事；小西娅稀奇古怪的问题

《哲学诗歌集》：你是怎么知道的？

会说话的骷髅头

对如何评估他人言说的思考

这个伟大的传统故事将带领孩子们思考是否应该认真对待他人超乎寻常的言语（包括说有奇迹），如果是，那在什么情况下该认真对待。

所需器材和准备

- 一些可以充当骷髅头和艾尼坦头颅的东西，比如发言球之外再准备两个球（自选）
- 将哲学诗《说话就像……》准备成幻灯片或者要分发的材料（二选一）
- 一块白板和一支白板笔

相关学科

读写

个人、社会和健康教育（PSHE）

宗教　　科学

主要争议

我们应该相信人们对神奇事件的描述吗？说话是好事吗？

核心概念和词汇

信仰	沟通	交流
知识	魔法	奇迹
原因	说话	告诉

关键引导方法

引述和讨论

关键引导方法

引述和讨论

陈述可以是非常有效的思想催化剂，有时比提问更有效，因为它们能引起人们内心的反应。比较这两种表述方式：a. "女孩还是男孩写得更好？" b. "女孩比男孩写得更好。"（参见第 145 页的 "激发"）吸引学生的一种方式是在课堂上引用他人的语录。它遵循考试提问的模型，陈述表达，随后 "讨论"。这也是鼓励学生更广泛参与思想交流的一种方式。在本书附带的在线资源中，可以找到一系列能用这种方式与学生互动的表述和语录。

做：朗读或讲述下面的故事。它几乎只是一个故事梗概，如果您选择讲这个故事，那么在复述的时候请尽可能丰富完善。

说：很久以前，在非洲的某个地方，生活着一个诚实、聪明的人，他的名字叫艾尼坦。有一天，他独自穿过一片丛林，走着走着发现地上有一个人类的骷髅头。他很好奇这个骷髅头怎么会在这里，于是便大声对骷髅头说："你是怎么来到这里的？"不过他并没期待能得到回答。

"说话带我来的。"骷髅头说话了。艾尼坦对刚刚目睹的这一切感到十分惊恐，飞快地跑完了回家的路。

他找到酋长，告诉他在丛林中发现了一个会说话的骷髅头。艾尼坦想，这下他可以在部落里出名了。

任务问题　村长应该相信艾尼坦吗？

嵌套问题

- 他说的故事太离奇，酋长应该相信他吗？
- 假如这个故事是真的，酋长应该相信他吗？
- 这是个奇迹吗？
- 什么是奇迹？
- 有没有其他原因使得骷髅头能说话？
- 如果有人告诉你难以置信的事情，你应该相信他 / 她吗？
- 如果可以，在什么情况下应该相信一件难以置信的事情？

说：酋长不相信他说的话。"可我真的看见一个会说话的骷髅头！真的！**千真万确！**"艾尼坦抗议。

"那好，"酋长说，"我会带两名卫兵跟你一起去看看；如果骷髅头说话了，我将赐予你荣华富贵，但如果它没有……那你只有死路一条。"

酋长、酋长的卫兵和艾尼坦一起回到了发现骷髅头的丛林。艾尼坦弯下腰对骷髅头说："你是怎么来到这里来的？"骷髅头……一言不发。

"**你是怎么来到这里的**？"艾尼坦又问了一遍，这次更大声了。骷髅仍然保持沉默。

酋长转身对卫兵说："这个人浪费我的时间！杀了他！"于是，卫兵砍下了艾尼坦的头。头颅砰的一声落到地上，滚到了骷髅头的旁边。酋长和卫兵回到了他们的领地。

他们一离开，骷髅头便张开嘴，笑嘻嘻地对艾尼坦的头说："你是怎么来到这里的？"艾尼坦的头回答道："说话带我来的。"

做：此时，您可以在课堂上使用或改编使用 PaRDeS 法则（参见附录 2），尤其是当您发现许多孩子还没有完全理解这个故事的时候；随后，或者直接提出以下任务问题。

理解问题： 为什么艾尼坦的头回答"说话带我来的"？

任务问题 ▶ **说话是好事吗？**

嵌套问题

- 什么是说话？
- 说话能帮我们实现什么？
- 如果失去说话的能力，我们会失去什么？
- 这个世界如果没有人说话会变成什么样？
- 什么时候在什么情况下说话是一件不好的事？

> **说：** 没有人注意到：艾尼坦没有，酋长没有，卫兵也没有，在整个这片土地上，还有许许多多人类骷髅头遍布四方！

理解问题： 为什么有这么多骷髅头？

拓展活动

不说话的交流

（1）让一个孩子离开房间。

（2）让另一个孩子识别房内的某个物品。

（3）给第二个孩子的任务是，交流关于这个物品的某件事——或者任何事，但不许**用任何方式**说话或使用语言文字。

提问：

- 他们能做到吗？
- 任务很容易吗？
- 他们使用了哪些方法？

"说话就像……"——比喻训练

> **做：**
>
> （1）绕着对话圈，对每一个孩子说"说话就像……"。
>
> （2）给他们 3 秒的时间想一个词来补充这句话，不能重复使用其他孩子用过的词（运用"不同答案原则"——参见附录 1"关于促进想法多样化的思考"）。
>
> （3）将得到的这些词写到白板上。
>
> （4）等每个孩子都说完了，请让所有的孩子来提问，例如："我不明白说话怎么会像 X……"
>
> （5）让全班一起来回答并设法解释为什么说话就像 X。

下面是一首基于该比喻训练创作的哲学诗：让孩子们来对诗中的词语提问，并让全班来回应和解答。如果孩子们难以理解比喻练习里比喻／隐喻的本质意思，那么您可以先读这首诗，让他们体会一下含义，然后再进行练习，但要规定不能重复使用诗中出现过的词。

> ## 说话就像……
>
> 一种方法，
> 一个工具，
> 一件斗篷，
> 一把武器，
>
> 一张地图，
> 一个金属探测器，
> 像良药，
> 也像毒药。
>
> 它像是病毒，
> 像一种
> 无线的连接。
>
> 又像是
> 指向
> 最远方的
> 手指。
>
> 通过说话，
> 我能走向别处，
> 但身体却
> 不能动。
>
> 通过说话，
> 我的思想之鹰
> 将飞向
> 你。

发言球

玩BBC智力游戏"只要说1分钟！"（这里称之为"发言球"，是因为1分钟太长了。）游戏规则是，接到发言球的玩家要围绕一个主题说一段时间的话，不能**犹豫**、**出现重复的词**或**偏离主题**。我会从10分钟开始，然后当有人完成任务，则把时间延长到15分钟，然后20分钟，以此类推。最多八个主题供大家选择，不过每个玩家说话的主题是随机选择的（参见第101页的"随机数生成器"）。

相关课程

《曾经有一个如果》：一千零一夜；汪汪叫的猫

《假如奥德赛》：无人先生的家（独眼巨人）——尤其是在线补充资源"通过哲学家的眼睛：独眼巨人"。在古希腊神话特洛伊战争的一些故事版本中，帕拉墨得斯——据说是文字的发明者——遭到一封信的陷害，最后结局悲惨，充满讽刺意味。为了报复帕拉墨得斯发现自己为逃脱远征特洛伊而实施的诡计，奥德修斯伪造了一封帕拉墨得斯写给特洛伊国王普里阿摩斯的信。最终帕拉墨得斯被奥德修斯扔的大石头砸死。

《哲学商店》：Txt之书

日记

对意志力的思考

本课安排了一次探究和一些有趣的活动，让孩子们思考古希腊人所说的节制（sophrosyne），它又叫意志、自我约束、自我控制。这是《假如奥德赛》中"唱歌的女人（海妖塞壬）"一课的精彩后续。

所需器材和准备

- 钟或计时器
- 让孩子们坐成一圈
- 一本书充当日记（可选）
- 一个可以轻松放进口袋的小物品；任何口袋里偶然有的东西，比如手机

相关学科

个人、社会和健康教育（PSHE）

主要争议

有没有可能超越自己的意志力？你所做的一切必定是你想做的吗？是否有可能做你不想做的事情，或者通过做这件事来证明这是你想做的事？不管是什么，你能想要一切你想要的东西吗？

核心概念和词汇

欲望　　自我控制　　想要

想要想要（二阶欲望）　　意志力

关键引导方法

用作紧张探测器的概念图

做：首先，在课堂上读下面这段脚本。

说：你最好的朋友来找你，请求你帮他保管私人日记本一个星期，因为他要外出，又不想任何人看到他的日记。他也要求你不能看。"你能保证吗？"朋友问。

任务问题 ▶ **你会收下日记，并保证不会打开看吗？**

嵌套问题

- 你**应该**怎么说？又**应该**怎么做？
- 能不能知道在类似的情况下**你**会怎么做？
- 这是一个你应该遵守的承诺吗？

在讨论期间的某个适当时刻，你可能会希望用到以下拓展内容：

说：一个星期之后，你的朋友来到你家，并且问："你看了吗？"你说："没看。"

"还在你手里吗？"他们问。

"没在。"你说。

"那在哪里？"他们问。

你回答："被我烧了。"

"你为什么要烧了它？"他们问。

"这样我就不会看了。"你解释道。

任务问题　你烧掉日记做得对吗？

嵌套问题

- 烧掉日记是使用意志力做出的行为吗？
- 如果可以在烧掉日记和看日记之间进行选择，哪一种选择更好？
- 可能还有其他选择吗？

做：选择合适的时候，通过下面三个问题来介绍概念**意志力**：

- 什么是意志力？围绕这个问题画一张概念图（参见第 88 页）。
- 在这种情况下你是否需要用到意志力？
- 在这种情况下你会如何使用你的意志力？

快速将孩子们拉回以下问题："X〔不管他们选择什么，比如：**烧掉日记**〕的行为是意志力的体现吗？"

下面这个练习，请准备好计时器，并确保能方便地看时间。

⊘ 意志力训练 1：转身测试

做：以这些训练为讨论点，讨论拒绝参与某行动的容易程度或困难程度。使用"主要争议"中的问题作为可能的任务问题，围绕这些训练进行探究。

说：下面我要带你们做一系列意志力方面的训练。记住：这些训练的总体任务是展示自己的意志力，并控制自己的能力。首先，请每个人都站起来，现在转身，面对教室的墙壁，背对着我。当我数到三时，练习开始，此时请保持整整 10 秒钟不要转身。如果你转身了，则没有完成任务。10 秒钟到了，我会告诉大家。一，二，三！

☑ 意志力训练 2：俄耳甫斯测试

说：接下来我们要重复这个训练，不过会稍加改变。请大家再次起立并转身。这一次，时间会延长到 20 秒，我会放一个"非常有趣的东西"在你们身后的地上。当我数到三时，我会放下这个东西；等 20 秒过去，我会再把这个东西收起来。这样你们将无法看见这个"非常有趣的东西"。一，二，三！

做：当孩子们都转过身去之后，您从口袋里随便拿一个东西（参见"所需器材和准备"）放到对话圈中间的地上。如果您想让这个任务更具有难度一点……那么，在这 20 秒的时间内，您可以说："这个东西真有意思，你们都看不到喽……"或者倒计时报数："五，四，三，二……"数到"一"之前把这个东西放回口袋。下面这个问题将成为一个很好的讨论点：

任务问题　鉴于这些都是关于意志力的训练，那么我把任务变难的做法是否公平？

☑ 意志力训练 3：摸地 – 转身 – 坐下的测试

说：在告诉你们下一个意志力训练的内容之前，请大家不要做任何动作，直到我数到三。这次将进行一个比赛，当我数到三的时候，第一个［一边说一边演示］用手摸到面前的地板然后转身并坐到自己位子上的人将获胜。不过，这并不是一个重在行动的任务。这个任务并不是去参与比赛，而是要完美地保持一动不动。一旦我数到三，我会给大家 10 秒钟的时间来尽力克制自己不去参加比赛。但是记住：优胜者是第一个摸地，转身然后坐下的人。一，二，三！

☑ 意志力训练 4：提问测试

说：在这个训练中，我会向你们提出一系列问题。获胜者是第一个正确回答问题的人。尽管如此，跟前一个训练一样，你们的任务并不是要完成任务，而是在训练持续期内不要去回答问题——不要去参与比赛。

建议的问题：
- 30 减 8 是多少？
- 2 的平方是多少？
- 法国的首都是哪里？
- 字母表的第六个字母是什么？

☑ 意志力训练 5：不准笑！

> **说**：这个训练需要所有人都起立。这次的任务是保持站立，并沉默一分钟，不准笑。如果笑了，就请坐下。坐下的人则无法完成这个任务。一直站到最后的人将获胜。现在开始！

> **做**：再来一次，为了增加难度，您可以做一些搞笑的鬼脸或动作。

拓展活动

更多拓展活动

- 作为引子，可以让几个同学来表演日记故事的情节（参见第 153 页的"即时戏剧化"）。
- 讲述（或朗读）故事"地狱中的俄耳甫斯"。应用 PaRDeS 法则解读故事（参见附录 2）。
- 玩一些自控力方面的游戏，如"哔哩哔哩 – 嘣""拍 – 跳 – 停 – 走"（参见哲学基金网）和"西蒙说"。
- 播放"斯坦福棉花糖实验"视频（网上很容易找到）或解释这个实验。在课上介绍这个实验，需要注意一件事：跟踪调查发现，那些没能坚持住的孩子后来的人生表现不如坚持了 15 分钟的孩子好。然而，这只是一个统计结果，并不能得出结论说在某项测试中失败的孩子，在生活中也会表现得不好。所以当你解释该研究发现时，可能有必要跟全班交流一下这一点。

相关课程

《青蛙与蟾蜍的故事》：阿诺德·洛贝尔（Arnold Lobel）的"饼干"

《曾经有一个如果》：海的老人

相关故事：罗得之妻（圣经故事）；地狱中的俄耳甫斯（参见在线资源）

《"如果"机器》：比利啪啪；青蛙与蝎子；盖吉斯之戒

《假如奥德赛》：唱歌的女人

《哲学商店》：努力想要忘记和不花心思想起；美德与责任；恶

《哲学诗歌集》：不是我干的！；恶

用作紧张探测器的概念图

概念图（一种板书方法，只需在白板上写出关键概念词，用线条或箭头相连以示关系）能帮助全班（以及您）跟紧讨论的进度。在第15页的"利用矛盾和对应"部分，我认为矛盾和紧张可以成为很好的学习方法；那么，概念图则是很好的释放压力和矛盾的方式。然而，我发现概念图的方法并没有在课堂上发挥出它的全部潜力，往往只是用来列出孩子们关于一个概念的不同想法而已。作为起步，这么做是不错的，但还应进一步利用概念图，让孩子们去发现，然后在画概念图时出现的紧张关系中彼此批判性互动。例如，以"思想"为中心概念，一个孩子说"思想真的就是大脑"，引导者写下"思想＝大脑"（脱离中心词"头脑"）。另一个孩子说"思想不是身体上的，它不是实际存在的"，引导者写下"不是身体上的"。退后一步看一看白板上的图，然后问第一个孩子："大脑是身体上的吗？"他说"是的"，引导者画一个双向箭头连接这两部分，箭头中间画一个大大的问号，然后向全班提问："思想是身体上的吗？"于是就形成了一个紧急的任务问题，孩子们进入交谈时间。

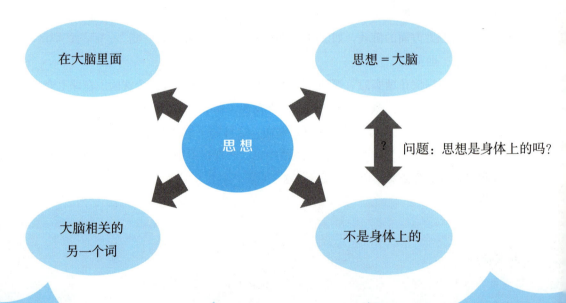

以体验为刺激

身临其境的体验可以成为吸引学生的强大工具。故事如果讲得好，能令人身临其境。用第二人称讲故事（参见第 156 页的"能让东西不存在的盒子"中的例子）是身临其境讲故事的另一个层次。本节课（"永无止境的信"，第 98 页）上的体验甚至更进一步，因为在戏剧的小小帮助下，课堂上的实际经历也成为故事的一部分。《思考空间》（www.thinkingspace.org.uk）的格雷斯·罗宾逊（Grace Robinson）和美国（波士顿）的杰西·沃尔什（Jesse Walsh）提供了一些很好的利用身临其境的戏剧和体验将孩子们带入哲学思考的方式。比如本来是谈论歧视这件事，但是沃尔什有一项活动（哲学游戏"女仆"），其中一个参与小组却受到了积极的歧视。参阅哲学基金网上的资源，可以了解关于沃尔什游戏的详细内容。

切开它!

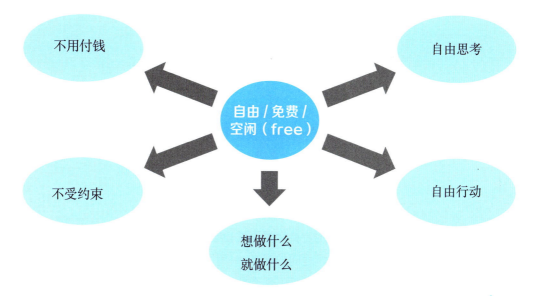

假设盒子

对科学的思考

本课的主要目的是探索表明假设成立的必要条件。没有测试，没有实验，只有学生们的思想。这是一个推理训练，预测当 X 或 Y 完成时会产生什么结果，以及什么样的结果表明假设成立。

所需器材和准备

- 一个密封的不透明盒子
- 一个球（可选；见下文）

相关学科

哲学　宗教　科学

主要争议

哲学跟科学有什么关系？对待宗教信仰的方式和对待科学信仰差不多吗？这两个领域的信仰不同吗？

核心概念和词汇

演示　假/错　假设

知识　表明　测试　真/对

关键引导方法

反例

关键引导方法

反例

当孩子们在陈述观点时，特别是一般性的观点，这时一个比较好的做法是让同学们找出一个反例。例如，有人说"任何事都有可能"，如果同学们没开始举出反例，就问一下："有人能想一件**不**可能的事情出来吗？"

这种探究方法能完美地引领全班为构建科学类测试和实验做准备，并考虑哪些变量与假设有关。这一做法还展示了科学与哲学之间的联系——哲学是以理性为基础的，而科学则通过实验和经验来区分并同样以理性为基础。您会发现下面示例中的这种紧密联系，因为在思考必要条件时，需要清楚理解"物体"这个概念。这就是哲学的概念分析在科学推理中具有明确而重要的作用的地方。

✅ 第一部分：物体假设

> **做**：在本课开始之前，孩子们还没看到的时候，先在盒子里放一个物体，比如球。问全班是否有人知道什么是假设。写出词语"假设"，并围绕它画概念图（参见第 88 页的"用作紧张探测器的概念图"）。完成这些之后，给他们一个定义。下面是朗文词典上的定义：

> ❝ 基于有限证据并作为进一步调查起点的假定说明或解释。 ❞

词源："hypothesis"（假设）来自古希腊语的"foundation"（基础），后来变成"to suppose"（假定）的意思。

对学生年龄小一些的班级，可以用这个更简单的定义：

> ❝ 假设是指在知道某件事是真是假之前，先假定它是真的，然后可以来测试它是不是真的。 ❞

在白板上写下以下假设：

假设：盒子里有一个物体。

任务问题　　**如何才能知道这个假设是真的还是假的?**

可能有人会说："打开它"。如果他们这样说了，下面是回应的方法（本节课上您提问的顺序基本上应当遵循示例中的思路）：

引导者：如果打开盒子，你会期待什么（结果）？（**引出期待**）
学生：可能会看到一个物体，或者看不到。
引导者：如果打开盒子看到一个物体，那表明这个假设是真的还是假的？（**条件假设并快速返回主问**）
学生：真的。
引导者：能说出为什么吗？（**打开封闭式问题——说出理由**）
学生：因为那儿有个物体，所以……［学生继续说］
引导者：如果打开盒子没有看到里面有物体，那表明这个假设是真的还是假的？（**两分假设并快速返回主问——见第 111 页**）
学生：这要看情况而定。
引导者：这要看什么情况而定？（**打开封闭式问题——条件——参见附录 1 的"关于促进想法多样化的思考"**）
学生：要看什么是**物体**。因为如果细菌也是物体，那它就是真的，可是如果我们指的是……

本课的核心提问策略是：**条件假设、快速返回主问和打开封闭式问题**（参见第 53 页），以及一个新策略——**引出期待**。在这里，您要求学生说出他们需要什么样的结果，以表明他们说的是真的，或者像您在本节课上说的那样，**表明假设是真的**。也就是要求他们说出需要什么条件。用平常的话说，类似于："那么，你需要什么才能表明这一点？"

✅ 打不开的盒子

可以通过以下规定使这项任务更难："如果你（无论如何都）打不开盒子，那如何才能知道这个假设是不是真的？"

- 晃动盒子
- 称盒子的重量
- 照 X 射线，等等

提出这些或其他建议之后，参考前文"物体假设"环节的提问思路：

（1）如果晃动盒子，你会期待什么（结果）？

（2）如果里面有东西发出声响，那表明这个假设是真的还是假的？

（3）如果里面没有东西发出声响，那表明这个假设是真的还是假的？

…………

拓展活动

其他假设命题

说：下面有一些命题：

- 盒子里有一个菠萝。（如果盒子太小放不下一个菠萝，那么请邀请他们来思考是否能找出一种不需要打开盒子就能验明假设真假的东西。换句话说，这就是哲学家所说的"先验理性"：无须经验证据的理性。）
- 所有鸟都会飞。
- 没有人在看的时候，泰迪熊会活过来。
- 二氧化碳等同于空气。
- 水和冰的重量相同。
- 独角兽是存在的。
- 无生源论是对的。["无生源论"又称"自然发生论"，与亚里士多德有关，弗朗西斯科·雷迪（Francesco Redi）也做过著名实验（1668 年）来测试这个假说。有趣的是，当涉及生命本身的起源时，人们仍然对无生源论众说纷纭！]

做：不去进行测试或触摸盒子；仅使用上述提问思路来探索孩子们会**怎样**验证这些假设。在上后续的科学课的时候，可以尝试进行课堂上想出来的那些测试。

打开盒子吗？

您或许会决定在课程结束时打开盒子，展示一下里面有什么。然而，这里有另一个关于哲学与科学的本质以及关系的探究机会，您可以问下面这个双面的问题：

- 如果这是哲学课，那我们需要——并应该——打开这个盒子吗？
- 如果这是科学课，那我们需要——并应该——打开这个盒子吗？

嵌套问题

- 哲学和科学之间有什么相似的地方？
- 哲学和科学之间有什么不同的地方？

学生们的回答反映出两件事：他们对哲学和科学这二者的理解，以及他们的智力/哲学成熟度（参见第11课孩子们对"可能是猫"的回答）。班上可能有的人对没有揭晓盒子里有什么的知识价值非常敏感。在我看来，以这种方式回应的孩子，显示出更成熟的智慧。

上帝假设

给学生年龄更大些的班组上"假设盒子"这一课时，可以选择探讨另一个更大的哲学问题：上帝是否存在。上完前面的假说内容之后，进行这部分"上帝假设"，正好两相对比。

做：写出以下假设：

假设：上帝存在。

任务问题 如果有办法的话，我们如何才能知道这个假设是不是真的？

嵌套问题

- "上帝假设"类似于"物体/菠萝假设"吗？（它们是同一种事物吗？）
- 什么能作为球存在的证据？什么能作为上帝存在的证据？
- 信仰需要证据吗？
- 即使你认为没有证据证明上帝存在，是否还有充分理由相信上帝？
- 知道上帝是什么意思？
- 知道上帝存在是什么意思？

要对文化差异和观点保持敏感。

相关课程

《曾经有一个如果》：扁平的地球；岛屿

《哲学商店》：认识论——知识（部分）

因梦致富的商人

对思考故事的思考

本课是书中最重要的课程之一，因为它展示了如何应用附录所解释的内容：丢失的钥匙。PaRDeS 法则是本书的新方法，是一种让孩子们在批判模式下探索故事解释的方法。

所需器材和准备
- 学习要讲的故事（可选）
- 阅读附录 2：丢失的钥匙

相关学科
读写

主要争议
故事中发生了什么？这个故事是什么意思？我们从这个故事中学到了什么？这个故事代表什么？什么是合理的解释？

核心概念和词汇
寓言　　解释　　含义　　隐喻
道德（名词）　　情节　　总结

关键引导方法
批判性参与

关键引导方法

批判性参与

让年幼的孩子参与探讨合理性（论证的结构）并不简单。但是，让他们养成批判性地对待在学校接收到的语料和想法的习惯（然后，希望也能从中有所收获），则相对容易做到：只要问他们"你同意 X 吗？"或者诸如"你怎么想？""你认为对吗？"比如您给全班展示了亚里士多德的一句名言，可以说："仅仅因为一位哲学家说过，不一定就表示它是正确的。你是怎么想的？你同意吗？为什么？"

✅ 培养批判性素养——运用 PaRDeS 法则解读"因梦致富的商人"

小贴士：上本课之前，很重要的一点是先仔细阅读附录 2，因为它更完整地解释了 PaRDeS 法则，本课将提供一个运用该法则的示例。

理解的第一层次（参见附录 2）是**文字层**，或者说是故事里**发生**的事。问孩子们故事里发生了什么，会遇到的风险就是——每个老师都知道——有的孩子会用"……然后……然后……"的方式细数故事里的一件件事，比老师讲的内容还长。因此，为避免出现这个问题，我建议，针对故事的文字层解释部分，给全班布置以下任务：

任务问题 ▶ **1. 能不能用尽可能少的词说出故事中发生了什么？**

做：

（1）将孩子们两两成对地分成 A 和 B 两方，先给 A 再给 B 每人一分钟来完成任务。

（2）让孩子们提名（但不能是自己）他们认为任务完成得最好的同学。

（3）由被提名的孩子向全班说出他的概述。

（4）然后让这个孩子再提名他认为用词更少的其他同学。

（5）继续这样做，直到达到他们能达到的最精简的程度。

应用该方法进行文字层解析时有意思的地方在于，它不仅鼓励孩子们只选择关键情节进行简明扼要的概述，还有助于他们进入文本理解的下一个层次：**道德层**。为了表述清楚我的意思，下面我将以曾经上过这一课的一个班级（9 到 10 岁的孩子）为例进行说明。当时进行到第二步（见上文）的时候，一个被提名的女孩说的是："从前有一个人梦到他必须去伦敦桥，他去了那儿并遇到一个梦到藏了一罐子金子的人……"她对故事进行了很简明的总结。到最后，一个被提名的男孩说的是："去追梦！"只有三个字。关于这个男孩的回答到底是"故事里发生了什么"还是"这个故事关于什么"，大家产生了分歧。由此引发了一场关于这二者之间差别的精彩讨论。孩子们不知不觉中接受了这个男孩的做法；他的表达已经脱离文字层，进入了**道德层**；换言之，就是读者／观众从这个故事中得到的道理或美德。简短的规定看起来会自然带来这种过渡。在这种情况下，借此机会我介绍一个可以把课堂带入道德层理解的明确的提问方法。

> **任务问题**　　**2. 如果有的话，你认为我们从这个故事中学到了什么？**

当你们开始讨论道德层时，向**隐喻层**的过渡可能也会类似地、自然而然地发生（参见附录 2 了解两者之间的更多差别）。一旦您明确提出了任务问题 2，请收集并在白板上记下所有答案。下面就是那个 9 到 10 岁孩子的班级对任务问题 2 的回答：

- 有时候应该追随梦想，有时候不应该。
- 有时候追梦是好事，有时候追梦是坏事。
- 你应该相信自己的直觉。
- 追随命运。

一个叫玛利亚的女孩发现这些解释存在一个问题，她问："你怎么知道**什么时候**追梦或者相信直觉好，又怎么知道什么时候不好？"

最后，讨论产生了以下想法：

- 因为你的梦想基本上就是你自己（因为它们存在于你的头脑中），如果你不相信自己的梦想，你也不会相信你自己。
- 这是你跟你自己的战斗。

把这个故事理解成一个人与自己的内心冲突，这个解释已经超越了**道德层**，向更深层次的**隐喻层／象征层**转移了。

✅ 故事内容

这个故事是一个民间故事的其中一个版本,被称作"因梦致富的人"。它还有许多其他版本,《一千零一夜》故事集里面也有一个版本(叫作"破产商人因梦变富的故事")。

> 说:从前,有一个名叫约翰·查普曼(John Chapman)的商人,他生活在一个叫作斯沃弗姆的小村庄——在诺福克郡的一个小镇,这个地方至今仍然存在。约翰非常穷,陪伴他的只有他的狗,平时靠卖一些小东西度日:药膏、护身符或草药,以及一些类似的东西,当他能搞到这些东西的时候。有时,他会赚到足够的钱来吃饭喝酒,但有的时候赚不到。他确实拥有一间小屋子,但它破旧不堪,几乎没有屋顶。然而,在小屋的花园里却长着一棵苹果树,上面结着最美味的苹果。如果实在没有东西吃了,他至少可以吃树上的苹果。
>
> 一天晚上,他做了个梦,梦里有个声音对他说:"去伦敦桥吧!去伦敦桥!"第二天一早,他自言自语:"好奇怪的梦啊!"不过后来他就忘了这个梦。直到第二天晚上,他又做了同样的梦。"去伦敦桥吧!"那个声音再次响起。从此每天夜里他都会做同样的梦。被梦境困扰的约翰问自己:"我应该去伦敦桥吗?"

任务问题　　他应该听从梦里的劝告去伦敦桥吗?

嵌套问题

- 你应该听从你梦里的劝告吗?
- 什么是劝告?
- 什么是梦?
- 梦会告诉我们什么,如果有什么的话?
- 梦是从哪里来的?

> 说:他决定去伦敦桥,为了摆脱梦境,别无选择。他打包了尽可能多的苹果,带着他的狗出发了。去往伦敦的路漫长而艰辛;那些日子里走的全是土路。他花了四天时间才抵达伦敦桥。等他到了那儿,却完全不知道自己应该干什么。他的梦只是指引他来到那儿,却没有告诉他到了那儿要做什么。于是,他决定在人来人往的桥上等上一天,看看是否会有什么事情发生。这一天终于结束了。发生了什么事吗?没有。他决定在桥上再等一天。发生了什么事吗?没有。
>
> 他走了这么远的路才到那儿,所以他决定再等一天。这将是最后一天,因为苹果吃完了。就在第三天即将过去,他决定回斯沃弗姆的家时,一位店主(伦敦桥上当时还有店铺)打开门对他说:"打扰一下!我注意到您已经在这儿闲逛好几天了,今天您整天都坐在我的店外。发生了什么事吗?"
>
> 约翰说:"我总是梦到有人告诉我要到伦敦桥来,都快把我折磨疯了,所以我决定来伦敦桥看看。于是我就来了这儿。"
>
> "你是说你来到伦敦桥就因为梦到有人建议你来?!"店主问。

约翰低下头看着自己的脚说:"是啊。"

"你这个笨蛋!"店主喊道,"你永远不应该听从你的梦。就在昨晚,我也做了一个梦:我梦到一个声音让我去一个地方,那地方叫作——叫什么来着?哦!对了!叫斯沃弗姆。从来没有听说过!我的梦给我看了一个破旧的小房子,连屋顶都没有。房子后面的花园里有一棵苹果树,我的梦告诉我树下藏了一个装满金子的罐子。想象一下,如果我关门大吉,去找这个梦到的金罐子!荒谬!不,要我说的话,您……"

可是,当店主转过身来的时候,约翰·查普曼已经走了。

理解问题:约翰·查普曼去了哪里?他为什么去那里?

我选择了在这个地方结束故事,但其实它还有一个结尾。如果您更喜欢——或者出于其他原因而决定——采用这个故事的"道理式"结尾,我仍然建议您就此结束这个故事,然后向全班提出上面的理解问题。这样做的原因是,他们在心理上或口头上的回答,会帮助他们将各个情节线索联系在一起,因为他们的思想会遵循此刻这个故事所指引的方向。这样做,他们会成为积极主动的听众,而如果你只是读出故事的结局,他们则是被动的。我让孩子们转身面对面(运用前文说过的 A/B 组方法),分别说出他们认为约翰去了哪儿,以及为什么。无论您读不读"道理式"的结尾,都这样做。

说:约翰赶忙回到家,拿出把铁锹就在树下深深挖起来。挖到树根的地方,一个罐子被他的铁锹挖破了。无数金币散落一地。约翰走运了。他重修了自己的房子,换了新的屋顶,又置办了舒适生活需要的所有东西,然后将剩下的钱捐给了慈善机构。每天,他都会从树上摘一个苹果,品尝它的味道。直到今天,斯沃弗姆村还有一个标志牌,上面画着约翰·查普曼和他的狗。

做:回到早前问过的主要问题:

任务问题　**你(他)应该听从梦里的劝告吗?**

参见前文的嵌套问题。

相关课程

应用 PaRDeS 法则解读更多故事(参见在线资源)

《曾经有一个如果》:概念盒子

《"如果"机器》:蚂蚁的生命意义;金手指

《假如奥德赛》:长着翅膀的话语;特拉西亚的舌头

《哲学商店》:智慧之神托特与埃及国王萨姆斯关于文字的争论;问题中的问题;绿色的想法;未语之言;从图书馆开始;"赛德勒"[1];杰克的鹦鹉/清风识字;哲学诗;当我们谈论话语时我们在谈什么

---

① 法语的意思为"这是金子"。

永无止境的信

对含义和解读的思考

本课属于书中需要孩子们对刺激物做出解释性回应的内容，孩子们通过在课堂上得到的奇妙体验来回应并弄懂课程内容。请参阅我在前言中关于赫尔墨斯的评论。

所需器材和准备

- 一个信封
- 打印"永无止境的信"并装在信封里
- 在信封上写你的班级名字

相关学科

读写

主要争议

故事和诗歌的含义是单一的吗？一个故事或一首诗可以有多少种解读的方式？一个故事可以永远讲下去吗？

核心概念和词汇

省略	永恒	无限	意义
神秘	诗歌	散文	

关键引导方法

以体验为刺激（参见第89页）

做：打印的时候可以用"他"或"她"的视角。一开始请先拿出信封，给全班同学看有一封信，展示信封上的地址和班级名字。然后打开信，读给大家听。

说：

永无止境的信

曾经有一位老师，她的班级收到一封不知道是谁寄来的信。她打开信，念给大家听。她一边往下读，一边惊讶地睁大了双眼。信终于读完了，她疑惑不解地抬起头，感到非常不安。

"这是什么意思？"老师对全班同学说。

"什么什么意思？"班上的一个孩子回应道。

老师将信递给学生让他们自己看。一个学生接过信，开始大声地读出来。学生念道：

做：这时候，把信传给班上的一个学生，让他扮演老师的角色来念这封信，然后他再把信交给其他学生，如此重复这个过程。当大家都明白这个程序会一直反复持续下去的时候，就可以停了。

永无止境的信

曾经有一位老师，她的班级收到一封不知道是谁寄来的信。她打开信，念给大家听。她一边往下读，一边惊讶地睁大了双眼。信终于读完了，她疑惑不解地抬起头，感到非常不安。

"这是什么意思？"老师对全班同学说。

"什么什么意思？"班上的一个孩子回应道。

老师将信递给学生让他们自己看。一个学生接过信，开始大声地读出来。学生念道：

永无止境的信

曾经有一位老师，她的班级收到一封不知道是谁寄来的信……

理解问题： 你能说出这个故事发生了什么吗？

嵌套问题

• 为什么叫"永无止境的信"？

阐释问题： 你认为这个故事是什么意思？

嵌套问题

• "这个故事是什么意思"和"这个故事发生了什么"相同吗？

• 这个故事是否只有一种意思？

• 这个故事有多种意思吗？

• 这个故事到底有没有什么意思？

• 你是怎么知道一个故事或一首诗是什么意思的？

• 你如何能决定一个故事或一首诗的正确意思是什么？

• 一个故事或一首有正确的意思吗？

• 你认为的故事或诗歌的意思会不会是错的？

• 什么是意思？

• "意思"是什么意思？

• 什么叫解读？它跟意思一样吗？

• 我在这个故事里吗？

• 你们在这个故事里吗？

• 我们能同时都在或都不在这个故事里吗？

任务问题　**什么是永无止境的信？**

嵌套问题

• 这是个故事吗？是首诗吗？是封信吗？还是别的什么？

拓展活动

更多解读

尝试应用 PaRDeS 法则（参见附录 2）或法则的部分元素解读这个故事。

意思

下面这些句子是什么意思？

- "猫坐在垫子上。"
- "绿荫中的一个绿色的想法。"——安德鲁·马维尔
- "那些活济济的猏子在卫边儿尽着那么**足共**那么觅"[①]——刘易斯·卡罗尔
- "绿色的想法睡得很愤怒。"——诺姆·乔姆斯基（Noam Chomsky）
- "这个句子是什么意思？"
- "这个句子不是它表面说的那个意思。"

永无止尽

下面哪项会永远继续下去？

- 1，2，3，4，5，6，7，8，9，10，11，12，…
- a，b，c，d，e，f，g，h，i，j，k，l，m，…
- 0，−1，−2，−3，−4，−5，−6，−7，−8，−9，−10，…
- …−5，−4，−3，−2，−1，0，1，2，3，4，5，…（双向）
- 在太空外
- 在太空里
- 时间
- 过去
- 未来
- 现在
- 前文的故事"永无止境的信"
- 你的思想
- （π）3.14159265358……
- 33.$\dot{3}$

相关课程

《曾经有一个如果》：曾经有一个如果（第一和第二部分）；比赛——拓展活动 5：虚拟动画；它

《"如果"机器》：蚂蚁的生命意义；古怪小店；"永远"的尽头；无限填充

《假如奥德赛》：遮瑕膏［任务问题：你会接受女神卡吕普索（Kalypso）永远活着的馈赠吗？］

豪尔赫·路易斯·博尔赫斯（Jorge Luis Borges）的《巴别图书馆》

《数字诗》：中间位；比 3 多一点

《哲学商店》：形而上学：虚构，语言与语意或关于现实存在的表达

《哲学诗歌集》：从前有个小镇名字叫作"那"；如果没了"m"这个字母的话……；一串字符有多长？；无穷大加一；消失的谜语

[①] 这是《爱丽丝镜中奇遇记》第一章"镜子里的房子"里一首名为《炸脖龙》（*Jabberwocky*）的废话诗中的一句，原文是"The slithy toves did gyre and gimble in the wabe"，里面有很多作者生造的词。这里选用了赵元任先生的经典翻译（商务印书馆，1988）。

不可思议的缩小机

对微观世界的思考

本课是《"如果"机器》（第187页）中一个小段落的续篇。它原理上更复杂，但很有趣，而且按照描述的方法上课的话，会产生很好的互动效果。这是个让孩子们思考微观世界的好方法，能有效补充关于微观世界和看不见的世界的各个课程内容，比如溶解、蒸发、细胞等。

所需器材和准备

- 一把椅子
- 当作"电脑"的某个东西（可以是一台真的电脑，但不一定非得是）
- 准备坐成对话圈
- 一块大家都能看见的白板

相关学科

数学

科学（显微镜、溶解、蒸发）

主要争议

一样东西可以由无限小的东西组成吗？

存在最小的东西吗？

可能存在的误解

消失意味着不存在

核心概念和词汇

组成	消失	瓦解	可除性
存在	无限	没有	看见
物质			

关键引导方法

随机数生成器

关键引导方法

随机数生成器

这个小程序很好用。比如上"不可思议的缩小机"这节课，有可能出现很多孩子都想当志愿者的情况，但只能选取有限的人数，这时就可以使用随机选择的方法。我的手机上有一个可以在给定范围内随机选择数字的应用程序。

（1）让孩子们围坐成圈，从其中一个人开始报数，一整圈下来从1连续数到 n。告诉孩子们要记住自己报的号码。

（2）在"随机数生成器"应用程序上设置数字范围，如 $1 \sim 28$。

（3）按下"生成号码"的确认按键。

（4）报出这个数。这个号码的孩子就被选中了。

✅ 介绍不可思议的缩小机

做：先放一把椅子在教室中间。

说：现在请大家想象，这把椅子是一个非常先进的机器。它能把东西和人缩小成任意大小：它是一个"不可思议的缩小机"。它里面有电线连接到一个超级电脑。

做：用您自己的电脑来代表。用它来下指令。

说：它的四周是一间玻璃隔成的小房间，有一个推拉门，所以你可以进出。

做：在教室里随便拿一件东西，比如一本书，放到椅子上。

说：首先，我们必须决定要把这个物体缩小到多大。我们就说一个鸡蛋的大小吧。然后我输入这个大小，按下"确认"键。它开始"缩小"。

做：当您在描述或解释它们时，要在"电脑"或者"机器"上做出所有这些动作，然后发出特别的声音以表示东西正在缩小。

说：我能在我的电脑上看见这个物体或人的大小。当它达到我们设定的大小时，我会按下"停止"键。然后，按下"复原"键，它就回到原始大小了。

⊘ 缩小两个孩子

说：有谁想来试一试吗？

做：利用随机数生成器随机选择一个孩子来体验这个"不可思议的缩小机"。

说：首先，你需要穿上特殊的防护服，戴上特殊的头盔［给他们一套假想的衣服］。当你缩小时，它能保护你，你需要的空气也会跟你一起压缩，整个过程非常安全。它还有一个话筒，这样我们就都可以听到你在这个实验室里好好的，不管你变得多么小。接下来，你需要决定要缩小的尺寸。

做：用这样的句子帮助孩子："我希望缩小到……的大小。"提醒他们不是变成任意东西，而只是改变大小。让他们经历一遍上面描述过的过程。当他们被缩小之后，请他们走出玻璃隔间，并描述他们所看到的世界。如有必要，可以通过提问来吸引他们回答，比如：

- "从 X 大小［代入他们要求缩小的物体尺寸］的角度来看，地毯是什么样的？"
- "抬头往上看的时候是什么感觉？"
- "你的上学之旅是什么样的？"诸如此类。

可以换一名志愿者再重复一遍这个游戏（依时间情况而定）。

⊘ 不可思议的缩小机奇遇

说：我们没有时间让每个同学都坐到这把椅子上来，所以我想让大家一起想象你们自己坐的那把椅子就是一个"神奇的缩小机"。首先，穿上防护服！戴上头盔！现在，决定你们想要缩小的尺寸。

做：选几个同学说出他们想要缩小的尺寸。每个人说完后，问一下有没有其他同学也想缩小成同样的大小。这能鼓励他们尽量往能够想到的最小的东西上想象。将这些提议写到白板上。走向控制器，然后……

说：现在我要输入你们要求的尺寸。然后，我就要按下"确定"键。

做：发出特殊的声音表示他们正在缩小。准备好，他们就要到了！

说：你们就要达到想要的大小了，马上我就要按下"停止"键！哦，不会吧！机器失灵了，看起来是坏了。你们继续在缩小，缩小，再缩小！

做：让他们都坐在自己的椅子上，准备开始哲学讨论。
从下面的初始问题开始。

初始问题　**会发生什么事？**

有时候，您可能会想提出更有哲学深度的任务问题。请留意孩子们带来的适合紧急提问（参见第 viii 页）的机会，或者从下面的问题列表中选择最合适和最相关的提问，其中大多数来源于孩子们。

任务问题　**有东西能这么小，小到不存在吗？（爱丽丝，8 岁）**

嵌套问题

- 你会变得多小？
- 你会继续不停地变得更小吗？
- 有没有一个尺寸是不能再小的？
- 你会消失吗？
- 如果会，消失是什么意思？
- "消失"的意思是"不再存在"还是"不再看得见"？
- 两者之间有何区别？
- 你想缩小成什么都没有了吗？"缩小成什么都没有"是什么意思？

提问提示：一个进行条件假设并能快速返回的有用的问题是："如果你真的一直缩小，你会永远缩小下去？"这个提问有助于班级遵循探究的哲学思路，而不会误入歧途，比如"可是你会死"。

拓展活动

一旦前面的探究开始进行，您或许可以给同学们布置下面任意一种或一些任务：

最……的东西

- 思考你能想到的最小的东西。
- 思考你能想到的最大的东西。

然后让他们思考更小/更大的东西。我曾经听到过的例子包括"天堂""老天爷""虚无""宇宙""原子"等。回到您早前列在白板上的提议，问大家列的这些东西里面哪一个是最小的/最大的，例如"原子""细胞""灰尘"等。这能导向一个很好的研究问题（参见第 119 页）。

列举十种东西

让全班列出十种他们知道的在教室里却看不见的东西（即使他们会去看）。例如"想法""空气""热量""细菌"等。

看见看不见的东西

展示互联网上找来的显微镜下看到的图像，像是舌头的表面、头上的虱子、蛋壳或者任何放大后看起来完全不同的东西。提出以下任务问题：

任务问题　我们看到的这些东西实际上有多大？

（参见第 119 页的"现实眼镜"来进一步扩展这部分内容。）

请说明有的东西太小，小到即使用显微镜都看不到。

研究问题：你能举出很小东西的例子，小到我们用显微镜都看不见吗？

任务问题　如果我们（即使通过显微镜）都看不见它，那我们如何知道这个东西在那儿？

相关课程

菲利普·K.迪克（Philip K. Dick）的《不知疲倦的青蛙》（在故事中合适的地方提出任务问题：青蛙会不会到达管子的尽头？）

刘易斯·卡罗尔的《爱丽丝漫游奇境记》第一章"掉进兔子洞"的"喝我"情节。（任务问题：爱丽丝会像蜡烛点完一样缩得没有了吗？）

《曾经有一个如果》：六个智者；水人

《"如果"机器》：椅子；思考虚无；"永远"的尽头；无限填充

《哲学商店》：伊米的盒子；一大堆练习？；满纸无一物；菲利和索菲吃冰激凌；铅笔人的哲学探险

《哲学诗歌集》：原子；最最小；你我大都是空间

立刻成功开关

对天赋、技能和美德的思考

受柏拉图《美诺篇》对话（见下文）的启发，本课旨在认真思考天赋、技能和美德的概念，也包括它们之间的联系。成为善的人是否可教？如果可以，要怎样做？在这个过程中，参与者还能够了解到一些对他们重要的事情——他们的价值观。

所需器材和准备

- 一个充当开关的东西，放在教室中间，或者在一张纸上画一个开关。

相关学科

读写

个人、社会和健康教育（PSHE）

主要争议

如果努力并不是必须的，那努力还有价

值吗?

核心概念和词汇

承诺	努力	好人	学习
技能	风格	天赋	美德

关键引导方法

概念比较（见第 110 页）

做：把"开关"摆放在教室中间。

说：想一个人，他拥有你想有却没有的技能或才能。可以是任何人：名人或者你身边认识的人。

做：收集提名（如父母、名人、运动员、朋友等），记录下部分答案（如果您愿意，也可以记下全部）。

说：请大家想象一下，你们在地上看到的这个开关是一个"立刻成功开关"。如果按下它，你将立刻拥有你选择的这个人的技能和／或天赋，跟他拥有的一模一样，不需要经过练习、训练，也不需要先天条件。打个比方，如果你想像碧昂丝一样会唱歌，按下这个开关，你就能像碧昂丝一样唱得好。如果你想像罗纳尔多那样会踢球，按下这个开关，你就能像罗纳尔多一样踢得好。

初始问题 你想按下这个开关吗？

嵌套问题

- 按下这个开关可能是出于什么原因？
- 有不按下这个开关的理由吗？
- 练习和训练是应该要做的事情吗？
- 什么是技能？举出一些技能的例子。
- 什么是天赋？举出一些天赋的例子。
- 能通过练习和训练获得／提高技能吗？
- 能通过练习和训练获得／提高天赋吗？
- 如果不**需要**练习和训练，那你还有没有理由**选择**练习或训练？

以下是词典上对"技能"和"天赋"的解释：

技能： 66 特定领域的特殊能力，特别是通过学习和练习获得的能力。 99

天赋： 66 人与生俱来的能力，特别是一般智力和精神

力量。 99

——朗文英语词典

做：在适当的时候介绍这些定义，但不要在讨论中过早进行，
要让孩子们在引入标准概念之前有时间去探索自己的定义。
然后再次提出初始问题：

初始问题 你会按下这个开关吗？（参见前文的嵌套问题）

其他形式的立刻成功开关

为了让思想实验更为集中，这里介绍几个"立刻成功开关"活动的变体（可自由改变）。

- 立刻成为音乐家——选择任何音乐家或歌手，然后按下按钮即可获得他的所有技能、技巧和风格。你会按吗？
- 立刻成为探险家
- 立刻成为畅销书作家
- 立刻成为多语言学家
- 立刻成为奥运会金牌得主

围绕概念**技能**、**天赋**、**技巧**、**风格**做一些概念分析（参见第 110 页的"概念分析"）。

美诺的提问

> 说：在古希腊哲学家柏拉图写的对话《美诺篇》中，同名人物美诺在一开始就问苏格拉底，美德是否可教？

> 66 **美诺**：苏格拉底你能不能告诉我：美德是否可教？它是不可以教授只能是练习的结果呢，还是既不能教又不能练，是人本来就有的，还是用什么别的办法取得的？
>
> ——格鲁伯（G.M.A. Grube）译 99

任务问题 ▶ 1. 我们能被教授成为一个善的人吗？

任务问题 ▶ 2. 成为一个善的人，是通过训练和练习达到的，还是生来自然就是？抑或通过别的什么方式？

> 说："美德"是那些让人成为善的人的特征。例如，古希腊人所说的主要美德有：
> - 知识
> - 智慧
> - 节制（自制）
> - 虔诚（神圣）
> - 勇气

做：尝试将思想实验"立刻成功开关"（见上文）替换成"美德"开关："马上变善开关"。

教授"善"的学校

说：想象有一所教人们如何变善的学校。

任务问题 应该教一些什么课，才能让学生们成为善的人？

"聪明"药丸

一段时间以来，人们都在谈论一种"聪明药丸"。据说不久就会出现一种可以让我们变得更聪明的药丸。

任务问题 你们愿意而且应该服用聪明药丸吗？

相关课程

罗杰·哈格里夫斯（Roger Hargreaves）的《善先生》（*Mr. Good*）

《曾经有一个如果》：诺言拖鞋；世界上最幸运的人

《"如果"机器》：盖吉斯之戒；青蛙与蝎子；比利啪啪；朋友

《假如奥德赛》：英雄；讲故事的人

《哲学商店》：完美的人；美德与责任；长生不老药

哲学基金网：奥利弗·利奇（Oliver Leech）的"完美学校"

概念比较

拿两个类似或者在某方面相关的词，询问学生二者相同还是不同。例如：

- 思想和大脑
- 冰和水
- 技能和天赋（见"立刻成功开关"）
- 人和人类
- 思考和知道

也可以反过来操作。你可以找出多少种不同的 X？如：

- 自由（如身体自由、思想自由、言论自由……）
- 爱
- 时间
- 幸福
- 真实

（参阅第 30 页的"切开它！"、第 54 页的破圈以及第 37 页的"绳圈和圆环"，了解更多概念分析的方法。）即使事后去查字典，概念分析也能帮助诊断孩子们对相关概念的理解。

关键引导方法

概念分析

概念分析是指思考词语或想法背后的含义。词语用来表达或帮助表达一个或多个概念。开始进行概念分析的好方法是问："什么是 X？"有些概念能很好地结合在一起：丈夫的概念和妻子的概念是互为前提产生的。而其他概念则不一定。6 除以 0 等于多少？或者就此而言，任何数除以 0 等于多少？自然数的概念和除以 0 的概念就不能放到一起用。想到这，脑袋疼。在哲学中，当概念相互不协调时就会出现困扰。因果关系和自由意志、思想和大脑、宗教和科学、正义和权力，这些概念只是一枚硬币相对应的两面，一旦开始思考，就会产生困境。哲学家们善于识别概念中的问题［哲学家西蒙·布莱克本（Simon Blackburn）将哲学家描述为"概念工程师"］，这些问题是我们中的许多人都不会发现的。停下来，问自己："什么是 X"是发现问题的第一步吗？下一步，请彼此分享你们的观点，倾听他人的想法。

假设事实 / 两分假设

有时候，经验事实会妨碍良好的讨论。"我们能够进行时间旅行吗？""大脑不可以移植""我们全身的细胞每七年就全部更换一次？""不可能让每个人都去投票"等等。这只是哲学课上出现的一些事实问题。无论做什么，请不要纠结于真相！相反，请采用"扶手椅哲学"（见第 113 页）的概念技巧，只要对事实进行简单的假设："如果每个人都能投票，而且每个人都选《蒙娜丽莎》是最美丽的画，那它就是最美的吗？"（参见第 145 页"艺术侦探"）或者"如果我们能进行时间旅行，你会选择做跟第一次不一样的事情吗？"有的情况下，可能需要对这个技巧做一点小小的拓展。可能会需要用到"两分假设"："让我们从两方面来思考一下：如果我们所有的细胞每七年就全部更换一次，那你十年之后还是同一个人吗？"然后"从另一面假设"："如果我们的细胞不是全部更换，而只是比如说 70% 更换，那你十年后还是同一个人吗？"

相关课程

参阅《"如果"机器》第 35 页的"假设事实与假设观点"，以及第 42 页和第 174 页的"两分假设"，了解这些策略的更多内容。

时光机器

对时间和时间旅行的思考

"令人失望的假冒魔术"（参见第62页）再次用来引起大家的讨论。但是这次，有可能，您不用撒谎，因为"时间旅行者"真的会到未来去旅行，只不过是用"无聊的方法"。不是吗？

所需器材和准备

- 一把椅子
- 一个钟、手表或秒表
- 准备影片《时光机器》（*The Time Machine*, 1960年，家长指导级）（可选）
- 准备好时光电话幻灯片或课件材料（见在线资源）

相关学科

读写（科幻）　　科学

主要争议

时间本身跟度量时间的设备不同吗？我们是时间旅行者吗？

可能存在的误解

时间等同于度量时间的设备，比如钟表

核心概念和词汇

未来　　现在　　过去　　此刻

时间　　时间旅行

关键引导方法

第111页的假设事实/两分假设

做：在教室中间放一把椅子。

说：有没有人想来当时间旅行者？

做：选一位志愿者（参见第101页的"随机数生成器"）。

说：现在你要乘坐这个［指向椅子］时光机器穿越到未来去旅行。请选择前往的时间段。任何时间都行，只要是未来；我担心这个机器无法回到过去。另外就是，这个机器不是非常强大，因此你只能在未来的一到十秒之内去任何地方。所以，选一个时间吧！

做：一旦孩子们选择了他们未来的旅行时间（将来的一到十秒之间），邀请他们坐上"时光机器"。拿起您的手表或秒表，让班上其他同学数时间旅行者选择的一到十之间的秒数。然后，对"时间旅行者"……

说：好了！现在你已经到未来旅行了 X［代入他们选择的秒数］秒钟！在未来感觉如何？

任务问题　**1.**［代入学生名字］到未来旅行了吗？

嵌套问题

- 如果去了，为什么去了？如何去的？
- 如果没去，为什么没去？
- 他们穿越时间了吗？
- 我们一直在穿越时间吗？
- 我们一直在进入未来吗？

任务问题　**2.如果椅子不是时光机器，那什么是时光机器？**

嵌套问题

- 如果是，为什么或者如何是？
- 如果不是，为什么不是？
- 他们穿越时间了吗？
- 我们一直在穿越时间吗？
- 我们一直在进入未来吗？

哲学小知识

扶手椅哲学

有些哲学家认为，时间旅行是否可能的问题是逻辑问题而不是科学问题。如果时间旅行导致逻辑矛盾（P 和非 P），那么，那些哲学家认为，它就不可能，而且永远不可能。是的，在实现飞行之前，一些人也认为飞行是不可能的，但这绝不是逻辑问题，只是技术问题。对于这些"有逻辑的"哲学家来说，如果时间旅行导致矛盾，那时间旅行的可能性就像等式 2+2=5 能成立的可能性一样。

改变未来1

> 说：你们觉得20秒之后我们会在做什么？或许是，坐下？让我们来试试！当秒针指向［从现在起20秒之后的那个时间数字］的时候，请每个人都站起来。

初始问题 **我们都起立的这个事实表示未来被改变了吗?**

改变未来2

> 说：这一次，当秒针指向［从现在起20秒之后的那个时间数字］的时候，请大家坐着或者站起来；随你们！

初始问题 **随你们自行决定的这个事实表示未来被改变了吗?**

任务问题 **你能改变你自己的未来吗?**

嵌套问题
• 你能创造你自己的未来吗？

时空电话

> 做：将下面的内容（分发或者放幻灯）给全班看。

> 说：我于2015年2月2日上午7:14写下这些话。你们会在我的未来也就是你们的此刻读到这些话。书写的行为仿佛一部时空电话，穿过时光将你我联结在一起。然而，这一切只能朝一个方向进行，从我走向你；你却无法回应我的话语，只能听见我的心声。因此，我有一个问题要问你：书写是不是时间旅行机、穿越时光之门、时空电话？现在是上午7:20。是吗？

任务问题　写作是穿越时光进行对话的一种方式吗?

嵌套问题

- 现在是 7:20 吗?
- 现在是什么时间?
- 另请参阅"有一个想法"中的"写作是心灵感应的一种形式吗?"

影片:《时光机器》

播放影片《时光机器》或片段,比如影片开始不久时光旅行者第一次走出时光机器的情节。片中唯一不适合年幼孩子观看的情节,是快结束时揭露了莫洛克斯族人一直在吃艾洛伊族人(同类相食!),他们都是人类。

相关课程

杰拉尔丁·麦考林(Geraldine McCaughrean)的《100 个世界神话和传说》(*100 World Myths and Legends*):扶手椅旅行者

马丁·科恩(Martin Cohen)的《101 个哲学问题》(*101 Philosophy Problems*):关于时间和时间旅行的部分

刘易斯·卡罗尔的《爱丽丝漫游奇境记》:第五章"疯茶会"

彼得·沃利的《神秘博士与哲学:时间》(*Doctor Who and Philosophy: Timey-Wimey Stuff*)

《曾经有一个如果》:扁平的地球

《"如果"机器》:古怪小店

《假如奥德赛》:世界之下;岩石的恐惧

斯蒂芬·罗(Stephen Law)的《哲学文档》(*The Philosophy Files*):第五章"时间旅行可能吗?"

《哲学商店》:形而上学:时间

《哲学诗歌集》:从我到你;渐行渐远;时光机;来自星星的你;可能的世界?

当世界碰撞时

对两难困境的思考

本课基于 20 世纪 50 年代的一部同名电影创作而成，是经典的"气球辩论"的另一个版本。记住：虽然任务问题 1 非常吸引人，但为了进入哲学探讨，提出任务问题 2 更为重要。这两个问题很好地说明了两种问题类型，即"表层问题"（任务问题 1）和"深层问题"（任务问题 2）。

所需器材和准备

- 进行文中分组活动时要用的纸
- 准备影片《当世界碰撞时》（*When Worlds Collide*，1951 年，普通级）（可选）

相关学科

个人、社会和健康教育（PSHE）

主要争议

每个人的价值都一样吗？什么时候人们可以认为自己拥有不同的价值？

核心概念和词汇

后果　　决定

两难困境　　伦理

关键引导方法

条件假设、快速返回主问和打开封闭式问题（参见第 53 页）

关键引导方法

条件假设、快速返回主问和打开封闭式问题

您需要让全班快速返回这个两难的问题："如果必须在二者之间做出选择，你会选择哪一个？为什么？"（参见第 53 页）

做：向孩子们解释您将带领他们**进入**一个科幻故事（参见《曾经有一个如果》的第 79 ～ 82 页）。提醒他们这是虚构的。

说：请大家想象一下，这个世界即将毁灭。一颗巨大的小行星将与地球发生碰撞，地球和地球上的一切生命都将毁于一旦。科学家们在他们可以利用的时间内，已经建造了一个太空飞船，准备用它把人带到另一个行星——地球 2 号——这是一颗最近被发现的星球，它能支持人类的生命。飞船上的人必须进入低温悬浮系统才能到达地球 2 号，因为距离它还有数百光年的路程。可问题是，确定小行星破坏程度和撞击点的时间不长，很短——只有几周时间。所以，这期间只造出了一个航天器，它只能载 12 个人。

1. 谁应该离开？为什么？

嵌套问题

- 应该遵循"先来后到"的原则吗？
- 应该由资助建造飞船的人来决定吗？
- 应该是聪明的、有学问的人离开吗？
- 应该是老人和孩子离开吗？
- 应该允许你离开吗？

⊘ 分组活动

说：下面以四或五个同学为一组，列出应该上飞船的 12 个人，并说明他们应该离开的理由。

做：分组展示答案，并说明他们为什么选择这些人。围绕这些讨论以及可能产生的任何分歧进行主要探究。

任务问题　**2. 应该如何决定谁离开？**

嵌套问题

- 应该基于哪些因素做出决定？
- 这些因素是否应该类似于：是否有用？人有多好？年龄多大？或者其他原则？
- 应该随机做出决定吗？

拓展活动

新情况

可以自行增加新的情况，制造新的两难困境或争议。下面有一些点子：

占位

说：事实证明，这 12 个位子中只有 11 个可以用来分配，因为资助建造飞船的那个人为了保证自己的安全，已经在上面占了第一个位子。

任务问题　**资助建造飞船的人自动获得一个位子，这样做对吗？**

破坏！

说：有两个人试图破坏飞船。幸亏及时被抓住，他们的计划落了空。当大家质问他们时，他们对于自己的行为分别给出了不同的理由。第一人说："只有这么一小群人离开，这不公平；没有人离开，这才公平。"

任务问题　你同意这个破坏者的理由吗？

说：第二个破坏者的理由是："我们不应该像污染这个星球一样再去污染另一个星球。"

任务问题　你同意第二个破坏者的理由吗？

做：播放影片《当世界碰撞时》或部分片段，让孩子们谈论或作为以上一些情节的补充。

相关课程

马丁·科恩的《101个伦理困境》（*101 Ethical Dilemmas*）

罗伯特·费希尔（Robert Fisher）的《思维游戏》（*Games for Thinking*）：气球辩论；红还是黑？

《曾经有一个如果》：辛巴达的故事

《"如果"机器》：谎言；王子与猪；盖吉斯之戒；共和岛；古怪小店；金字塔的影子

《假如奥德赛》：幸福与遗忘；船长还是船员？；选择；岩石的恐惧；阴云密布

《哲学商店》：恶；一幅糟糕的画；长生不老药；查理的选择；销售员；布里丹的小行星

《哲学诗歌集》：恶；淘气城

现实眼镜

对感知的思考

这是一节更有挑战性的课，是对两个最受欢迎的古老哲学领域的探讨：感知与现实。它常常被演绎为："我怎么知道这个镜片真的在这里？"您会讶异于孩子们在课堂上的巧言善辩。

所需器材和准备

• 一副眼镜（我用了一副旧的太阳镜，镜片已经被取出）

相关学科

艺术   科学

主要争议

是否有可能感知到现实**本来的样子**？

核心概念和词汇

组成	客观的	知觉
视角	观点	现实
看见	主观的	事实

关键引导方法

研究问题

关键引导方法

研究问题

正例和反例通常都基于现实世界而产生，并常常会导向我所说的"研究问题"。有时候，讨论为的是知道一个事实。比如让孩子们找出是分子更小还是原子更小，或者弄明白眼睛起作用的确切原理（见下文）。这是一种将哲学与课堂教学联系到一起的简单明了的方式，展示了如何从"爱智慧"发展为"爱知识"。离开学校之后，我才重新发现自己对历史、数学和科学的兴趣——通过阅读哲学。（另请参阅第 111 页的"假设事实／两分假设"。）

做：将眼镜放在对话圈中央。

说：让我们想象这是一副特殊的眼镜，由超级聪明的科学家制作而成。这些科学家们想知道这个世界真实的样子，于是发明了这副"现实眼镜"。只要戴上它，就能看到这个世界真实的样子。

如果你看见事物真实的样子，你会怎么看它们？

嵌套问题

- 什么是看见？
- 什么是现实？
- 你能看见现实真实的样子吗？这是一个"欢迎来假设"（参见第 130 页）的问题。
- 看见事物真实的样子是一件什么样的事儿？

做：允许讨论展开一段时间，并且仅在必要的时候转到以下问题：

任务问题 我们已经看见的事物是它们真实的样子吗？

嵌套问题

- 你如何知道你看见的事物真的是"它本来的样子"，还是只是"你看见的样子"？
- 我们的眼睛是"现实眼镜"吗？
- 我们是如何看见东西的？（这一点可以成为一个研究问题。）

拓展活动

戴上眼镜

说：是时候戴上这副"现实眼镜"了。如果你戴上它，然后看下面这些东西，假设你看见的是它们真实的样子，那你会看到什么？

- 著名的鸭 – 兔错觉图（可在线轻松获取）。任务问题：实际上是鸭子还是兔子？或者真的是别的什么东西？
- 其他图形，如内克尔立方体。任务问题：这真的是立方体吗？
- 莫奈（Monet）的《睡莲》（*Waterlilies*）和 / 或马西斯（Matsys）的《丑陋的公爵夫人》（*The Ugly Duchess*）等画作。任务问题：它真的好看 / 难看吗？

感官

说：有的动物视觉不太好，有的根本看不见。尽管如此，它们通常在其他某项感官功能上要比我们强得多。例如，蝙蝠通常比我们的听觉更好，蛇拥有的味觉能让它们把舌头"当眼睛用"，狼的嗅觉高度灵敏，而蜘蛛则能非常敏锐地感知到运动。

任务问题　为了能看见世界真实的样子，有没有哪一种感官比其他感官更重要？

嵌套问题

- 什么是感官？
- 感官是干什么的？
- 是否可能存在比"五感"更多的感觉？（这可以成为一个研究问题。）
- 如果你不得不失去一种感官，你会选择首先放弃哪一种？然后你选择放弃其他四种感官的顺序是什么？
- 如果你能够改善一种感官，你会选择哪一种？
- 如果你可以选择拥有动物身上的一种感官能力，你会选择什么动物身上的什么感官？

相关课程

《曾经有一个如果》：六个智者；水人；扁平的地球；诚实的萨伊德；岛屿

《"如果"机器》：椅子；无限填充

《哲学商店》：认识论——感知，特别是"到底是鸭子还是兔子？"；善恶探测器；美丑探测器

《哲学诗歌集》：眼见就一定为实吗？

任何好绘本

视角眼镜

对角度和视角的思考

和"现实眼镜"一样，本课也利用眼镜作为道具，但更具挑战性。我建议您仔细遵循课程指导，以帮助孩子们面对交换视角的问题。如果他们完成第一个练习有困难，则直接进入阿凡提的故事。

所需器材和准备
• 两副假眼镜，最好是不同的式样

相关学科
个人、社会和健康教育（PSHE）

主要争议
我们在多大程度上能够看到我们自身视角之外的事情？

核心概念和词汇

意识	同理心	
视角	角度	自身

关键引导方法
想象中的反对者

关键引导方法

想象中的反对者：戴上视角眼镜
这是一种激励孩子去寻求另一种观点的策略。简单地问一下："如果有人不同意你的意见，你认为他们会说什么？"而且有必要的话，可以继续跟进："你认为他们会给出什么理由？"（参见附录 1 的"关于促进想法多样化的思考"了解更多内容。）

说：今天，我们要想象这些［朝向道具的姿势］眼镜具有不同寻常的神奇力量或科技力量。它们能让佩戴者从彼此的角度或视角来感知——或者看见——这个世界。因为它们能让你跟其他人交换视角，所以叫作"视角眼镜"。

做：叫两名志愿者——同学 A 和 B——站到教室前面，一人面前有一副"视角眼镜"。

说：首先，请戴上你们的"视角眼镜"，以便它们接受（以某种方式吸收）你们各自的视角。现在，互相交换眼镜。你现在拥有了另一个人的视角。［代入 A 同学的名字］，你现在在用［代入 B 同学的名字］看事情的方式在看事情，而［代入 B 同学的名字］，你现在在用［代入 A 同学的名字］看事情的方式在看事情。从彼此的角度看世界是什么样的？

做：下面有一些任务可以帮助孩子们找到解决这个——相当困难的——问题的方法。每项任务都找新的志愿者来完成是比较好的主意，尤其是如果有同学没有弄懂，而有其他同学认为他们能完成。

- 让他们站到彼此面前，问他们各自看到的是谁。
- 让其中一个人慢慢在教室内的空间里移动。询问对方看到了或经历了什么。
- 让其中一个人转过身来。询问对方看到了或经历了什么。
- 让其中一个人抬头看天花板，另一个低头看地面。问他们各自都看到了什么。

一个有用的"假设"问题：无论何时做这些任务，始终插入假设条件"如果你是从对方的角度看世界……"然后再加上"你看到的是什么/谁？"这样能提醒他们这个思维实验赋予的特殊条件。

任务问题 ▶ 是否有可能从其他人的角度看世界？

嵌套问题

- 如果从其他人的角度看，是否表示你就是他们？
- 交换角度和交换眼睛一样吗？
- 你需要"视角眼镜"来获得他人的视角吗？
- 现在或未来某一天，成为其他人有可能成真吗？
- 怎样就交换了视角：交换眼睛？交换大脑？交换身体？

拓展活动

不同的角度

说：从……的角度来看，世界是什么样的（以及你看……的角度是什么样的）：

- 你最好的朋友？
- 不同性别的人？
- 不同文化的人？
- 机器人？
- 狗？蝙蝠？

- 一棵树？
- 单细胞生物？
- 一块石头？
- 太阳？
- 上帝？

任务问题 ▶ 上面所有都/有一些/没有一个 有角度？

先阅读第 72 页的阿凡提介绍，再读下面的故事：

头巾的故事

一天晚上，阿凡提来到一个地方旅行，并打算在一家旅馆过夜。他睡着的时候，也在旅馆过夜的一些其他旅行者搞了一个恶作剧，他们脱下阿凡提的头巾，给他换上了另一位旅行者的头巾——一条小得多的头巾。当阿凡提醒来，看到那个戴着他的头巾的人，于是说："如果那个人是我，那我是谁？"

任务问题　　如果其他人是你，那你是谁？

嵌套问题

- 其他人能够成为你吗？你能成为其他人吗？
- 阿凡提这时在想什么？他感到困惑吗？如果是这样，他困惑什么？
- 阿凡提的思维方式有什么问题吗？
- 你的衣物能完全决定你是谁吗？
- 你的衣物能完全决定其他人怎么看待你吗？
- 如果要成为其他人，你需要跟他交换什么东西？这有可能吗？

相关课程

《曾经有一个如果》：咬和叮；思考的时态和人称；曾经有一个如果（第一和第二部分以及故事写作活动）；扁平的地球

《"如果"机器》：你在哪里？王子与猪；另一个星球上的你；人形

《假如奥德赛》：无人先生的家；岩石的恐惧；时态和人称

《哲学商店》：复制机

《哲学诗歌集》：另一首诗；从我变成你；耶里吧唧①；那是谁？是我啊！；那是我！

---

① 此处参考了中译本的译法。

说真话和说谎话

对真相与谎言的思考

即使是上我课的聪明的成年人，也经常会修改他们对谎言的看法。许多人一开始认为谎言只是说一些假话，后来才意识到，有很多方法可以说假话但不用撒谎，例如：一个诚实的错误，讲一个故事或者小孩子的假装游戏。在本课中，您将学习到什么样的关于真相与谎言的看法，又或者会做出怎样的修订呢？（参见第 vii 页的"可能存在的误解"）

所需器材和准备

- 两个充当"魔法"物品的东西——我用的是项链和玻璃水晶
- 一样普通的东西如钢笔或铅笔
- 盒子里面放入一个球，盒子外面贴一张纸，纸上画一个球

相关学科

读写

个人、社会和健康教育（PSHE）

宗教　科学

主要争议

"说实话"和"说出真相"是一回事吗？说谎和搞错之间有区别吗？说谎和说假话之间有区别吗？

可能存在的误解

说谎就是简单地说假话，而说出"真相"就等于"说实话"

核心概念和词汇

相信　　玩笑　　知识　　谎言

假装　　错误　　真心实意　　真相

关键引导方法

以封闭式问题为核心

关键引导方法

以封闭式问题为核心

以前，我认为要将讨论始终聚焦于给出的刺激物是很难的事情，直到我发现了将语法上封闭的是否问句作为任务问题提出的优点（见附录 1）。在本课期间，请确保您会经常返回下面的主要任务问题："A 说了真相，B 说了谎吗？"还可以使用"子"问题策略（参见第 72 页的"分解质疑"）："那么，A 说的是真相吗？"接着再问："B 说了谎吗？"我使用"说出真相"的表达方式让表述更明确；如果用"说实话"，孩子们会把"实话"的"实"仅仅理解成"真心实意"。紧接着可以使用的好策略就是反应探测器（见附录 1），如下所示："有没有人认为 A 没说真相 /B 没有说谎的？"只要记得再次将封闭式问题打开就行了！（见附录 1）

做：将两个"魔法物品"并排放在对话圈中间的地上。

说：我想让大家把这两个东西想象成有魔力的，所以接下来的课我都会把它们当作有魔力的。这条项链［或任意其他东西］是一条真相之链。不管谁，只要戴上它或者拿着它，就会永远说真相。这块石头［或任意其他东西］是谎言之石。无论谁，只要拿到它就会永远说假话。现在，我需要两名志愿者。

做：使用随机选择的方法（参见第 101 页"随机数生成器"）选出两名志愿者——A 和 B［代入学生名字］，让他俩一人戴上或者拿着一个魔法物。

⊘ 物体

做：放一个毫无争议的明确物体在两个志愿者面前的地上，比如一支钢笔或铅笔。

说：我放在你们面前的是什么东西？

做：在白板上写下两名志愿者的名字及其回答。［如戴真相之链的 A 说："一支钢笔。"拿谎言之石的 B 说："一只鸡。"］让他们把东西放回地上，回到座位上。

任务问题　　A 说了真相，B 说了谎吗？

嵌套问题
- 什么是真相？
- 什么是谎言？
- "说实话"跟"说真相"之间相同还是不同？（区分诚心实意和客观性）
- 说谎和说出非真相之间有区别吗？（区分欺骗和虚假、错误和故意欺骗）
- 如果你因被控制而说了谎，那这是谎言吗？（例如被魔法石施了魔法）
- 被玩笑哄骗和被谎言欺骗是一样的吗？（区分邪恶意图和非邪恶意图）
- 孩子们假装一样本来不是那样的东西，比如玩游戏的时候，这是说谎吗？

✅ 盒子和球

做：给全班看您准备好的盒子，但不要揭露里面放了东西，而是把他们的注意力往盒子外面贴的图上引。询问大家图上画的是什么。如果图形有一点模棱两可，有的说是球有的说是月亮或是别的什么东西，就更好了……

说：现在需要再上来两名志愿者！

做：把盒子放在两名志愿者面前。

说：你们的面前有一个球吗？

做：再问一遍任务问题。

任务问题　A 说了真相，B 说了谎吗？

嵌套问题

- 一个球的图是球吗？
- 假如你认为画的是其他东西（如月亮），那它还是球吗？
- 如果画图的人认为它是球，那它是球吗？

做：讨论中选一个时机打开盒子，揭露里面真的有一个球。然后提出以下任务问题：

任务问题　这是否意味着，A 事实上说了谎，而 B 事实上说的是真相？（这个问题要根据他们的实际回答做出调整。）

嵌套问题

- 你会意外地说谎吗？
- 你会意外地说出真相吗？
- 如果真相之链能让人"说出真相"，那你认为真相之链会让 A 如何回答？
- 什么是真相？

127

其他情况

这里有一些可以让您运用"魔法物品"实验说谎话或说真相的其他情况。可以随意创造自己的例子。

圣诞毛衣

> **说**：现在，你的奶奶给你新织了一件圣诞毛衣，可你并不喜欢。奶奶问："你喜欢吗？"

初始问题 ▶ 如果你戴着真相之链，你会怎么回答？

任务问题 ▶ 如果你没戴真相之链，也没拿谎言之石，该如何回答才是正确的？

不予置评

> **说**：你知道你的朋友偷了另一个同学的笔。老师问你知不知道是谁偷的。你知道是谁，但决定保持沉默。

任务问题 ▶ 1. 如果你保持沉默，那你是说了谎，还是说了实话（或其他别的）？

任务问题 ▶ 2. 真相之链会让你保持沉默吗？

最好的朋友

> **说**：你对你最好的朋友真的很生气。你心里想："我真讨厌你！"你知道这会深深伤了朋友的心。于是你会说："我_____你。"因为有真相之链，所以你说的是真相。

任务问题 ▶ 你会说"我讨厌你"还是"我爱你"，或者其他什么话？

两个都带着

> **说**：有没有人愿意把真相和谎言这两个东西都带着？

做：回到最开始（毫无争议）的那个例子，问第一个任务问题。接着问以下任务问题：

任务问题 当你同时带着这两个东西，你觉得你应该怎么说？

骗子的悖论

这是古希腊的一个著名悖论：

> 一个克里特岛人走进房间，他说："所有克里特岛人都是骗子！"

如果这个人说的是真话，那他——作为克里特岛人——就是骗子。所以，他说的一定是谎言，所以是假的。这是一个悖论，因为如果它真，那么它假！跟全班一起做这个骗子悖论的游戏……

说：所有老师都是骗子！

任务问题 1. 如果我刚才说的是真的，那是什么意思？

任务问题 2. 如果我刚才说的是假的，那是什么意思？

相关课程

《曾经有一个如果》：诺言拖鞋

《"如果"机器》：金手指；金字塔的影子

西蒙·巴特·拉姆（Simon Bart Ram）的《月球上的人》（*The Man on the Moon*）（任务问题：他说的是真话吗？）

《哲学商店》：对错之间；芝诺最后的射门；永远说"不"的奈莉；意外的忏悔；幸福与真相

《哲学诗歌集》：难题与悖论

心灵致动师

对原因、力和魔术的思考

正是由于两者之间的对比，魔术才是接近科学探究的好方法。本课（及其各种改编）与"令人失望的假冒魔术"（参见第 62 页）一起，都对讨论科学、原因和力很有用。

所需器材和准备

- 一些磁铁
- 一张容易被吹动的薄纸
- 一枚戒指——如婚戒；一根松紧带；提前排练"心灵致动术"技巧（见下文）
- 准备一些多米诺骨牌以及一个细长的物体，要看起来一碰就容易倒，比如牙膏的包装盒。

相关学科

磁铁　　物质　　科学（力）

主要争议

是什么使事情发生的？磁铁是否具有移动另一个物体的特殊力量，而不会触及科学反常现象？魔术与科学的区别究竟是什么？

核心概念和词汇

吸引 / 排斥　　因果关系　　场

力　　磁力　　运动

推 / 拉　　心灵致动　　接触

关键引导方法

欢迎来假设

关键引导方法

欢迎来假设

人们很容易会认为做出假设是一件坏事，然而事实并非如此。首先，我们要做出假设，否则对话就无法进行。有时，在您的提问或陈述中设置假设条件，更有助于孩子们对此做出回应。所以，问题"什么时候狗不是狗"（参见第 30 页的"喵喵叫的狗"）就假设了狗有可能不是狗，而设置这一假设有两方面好处：（1）能促进分歧和对话的产生；（2）能引导孩子们去发现可能存在的矛盾。简而言之：假设有利于批判性思维。不过要注意两点：首先，确保您知道问题中可能存在的任何假设；其次，特别是如果这是您自己准备的问题，确保您不介意孩子们挑战它。所以，如果问题是"你怎么知道存在外星人？"这就已经假设外星人存在了。如果这不是您想让孩子们来批判质疑的说法，那这就不是一个好的问题表述方式。

做：准备好一下定义，但暂不揭晓。有必要的话，当孩子们识别出明显的定义特征时，再一点一点地来揭晓。如果他们对这个词一无所知，您可能需要先提供一个后续可以补充内容的初始定义：**移动物体但不接触物体**。

心灵致动（Telekinesis / psychokinesis）的定义

> 通过心灵的力量使一定距离以外的物体运动。源于希腊语，*tele*=距离，*kinesis*=运动。
>
> ——朗文英语词典

说：如果知道什么的话，你能告诉我关于心灵致动的一些事吗？
［将"心灵致动"这个词写到白板上］

说：现在，我要运用心灵致动的能力来移动物体。

做：一个一个地表演下面这些"心灵致动术"。每表演完一项要说"耶——成功！"然后提出以下任务问题：

任务问题   **1. 我刚才表演的是心灵致动吗？**

（1）说您将移动一张纸［举起它］而不用接触它。将一张薄纸放在桌上，对着它吹气让它移动。

（2）说您将开／关灯而不用走动。需要事先安排一个人配合。指向开关，夸张地停顿一会儿，用眼神示意事先安排好的教室里的另一个老师或成人，走向开关并打开／关上灯。

（3）说您将移动一个物体［拿起这个东西——见下文——并将它放在合适的位置］而无须接触它。竖着放一个细长易倒的物体，比如牙膏盒。然后安排班上的同学连着牙膏盒排列一些多米诺骨牌，从另一头推倒一枚骨牌，于是发生连锁反应，牙膏盒倒下。

（4）说您将让戒指向上运动而不用触碰它。

　　a. 此处需要一枚戒指和一根松紧带（见本课之"所需器材和准备"），将松紧带穿过戒指。

　　b. 两只手各握住松紧带的一端。

　　c. 将一只手缓慢地略抬高于另一只手，使带子形成一个不太陡的斜坡，要确保拳头里还悄悄握着足够多的剩余松紧带。

　　d. 另一只手拉伸松紧带，仿佛你正在开始表演让戒指朝上走的把戏，但不要让人看出来你将松紧带拉长了。

e. 戒指此刻应该位于斜坡的底部，靠近你的手。

f. 两只手都不要动，慢慢（用大拇指）松开藏在拳头里的松紧带，使松紧带上的戒指向另一只手移动（戒指应该非常自然地贴在带子上）。看起来就好像戒指正在通过"心灵致动的力量"向上移动，尽管事实上它是被松紧带带动的。

这个表演很容易。一旦您掌握了诀窍（表演之前先行练习），效果会很棒，尤其是如果您还能增添一点儿戏剧性的话，比如真的专注于戒指，表情严肃紧张，等等。本书附带的在线资源里面有一个视频，可以向您展示它是如何完成的！

（5）说您将移动一块金属而不用接触它。取出准备的磁铁，然后移动某个磁性金属，另外也表演移动其他的磁铁，包括相吸和相斥。

> **做**：在完成任务问题 1 之后，如果确有必要，可以继续下面的任务问题 2。

任务问题　2. 磁力现象是魔术表演吗?

嵌套问题

- 什么是磁力？
- 什么是魔术？
- 什么是科学？
- 三者之间有何区别？
- 三者之间有何相似之处？
- 什么是移动？
- 物体怎样移动？
- 所有形式的移动都是出于相同的原因吗？

拓展活动

阿尼姆斯磁力

> **说**：在科学发展的早期，即早在科学方法确立之前，"自然哲学家"通过观察对他们周围的世界进行概括来认知世界。以下是被亚里士多德等后来的哲学家归于米利都的泰勒斯（Thales of Miletus，公元前 624—前 546 年）的一个例子：
>
> - 灵魂具有移动身体的能力。
> - 磁铁具有移动铁的能力。
> - 因此，磁铁有灵魂。
>
> 他还从这个论点得出结论，一切事物都有灵魂。

做：提出归于泰勒斯的这个论点（见上文），然后通过以下提问在班上进行批判性讨论：你同意泰勒斯的观点吗？这里包括两部分内容：（1）他们是否赞同磁铁有灵魂的论点？（2）他们是否同意他的"一切事物都有灵魂"的一般主张？

有磁力的甜甜圈

盘子里放一个甜甜圈（或者类似不可抗拒的食品），然后放在地上或旁边的桌子上。看着孩子们被甜甜圈"有磁力地"吸引过去。这可以帮助孩子们区分"吸引力"和"磁力"。

任务问题　**甜甜圈有磁力吗？**

66 恶乎然？

恶乎然？

然于然。

恶乎不然？

不然于不然。

恶乎可？

可于可。

恶乎不可？

不可于不可。**99**

66 为什么是？

为什么是？

自有它是的道理。

为什么不是？

自有它不是的道理。

为什么可？

自有它可的道理。

为什么不可？

自有它不可的道理。**99**

任务问题　**事物为什么如它所是？**

嵌套问题

诗中的看法对吗？（例如，"然于然"对吗？）

• 这首诗有没有很好地解释"事物为什么如它所是"？

• 如果没有，该如何解释才好？

• 什么是解释？

相关课程

《曾经有一个如果》：魔术师的把戏——火柴棒

《"如果"机器》：金字塔的影子

哲学基金网：事物并不总是像它看上去那样（免费下载）

《哲学商店》：上升；被打破的玻璃窗

《哲学诗歌集》：很重很重的力

矮胖墩

对话语及其含义的思考

《爱丽丝漫游奇境记》是初涉哲学（及其他）讨论和探究时的一座宝藏。本节以及下一节哲思奇遇课会教您如何更充分地利用好这本故事书。在牛津大学数学家和逻辑学家查尔斯·道奇森（Charles Dodgson）——化名为儿童作家刘易斯·卡罗尔——的启迪下，可以此为探究模型自由发挥。

所需器材和准备

- 复印《爱丽丝漫游奇境记》和《爱丽丝镜中奇遇记》（我推荐马丁·加德纳编辑的注释版，注释有助于吸引阅读，能揭示大部分"胡说八道"其实都有其有趣的逻辑／哲学思想背景）——看《爱丽丝镜中奇遇记》第六章"矮胖墩"和《爱丽丝漫游奇境记》第七章"疯茶会"（可选）

相关学科

读写　　数学　　算术　　诗歌

主要争议

词语及其含义之间的关联是随意的还是固有的？如何使用词语的含义是否有规范？是否有可能拥有"私人语言"——只有你说的语言？

核心概念和词汇

交流　　语境意义　　语言　　含义
语言的可变性　　命名　　私人语言
规范　　规定的意思　　理解
话／词语

关键引导方法

阐明的开放式策略

关键引导方法

阐明的开放式策略

"你介不介意说一说你说的 X 是什么意思？"（参见附录 1 的"打开封闭式问题"），这个问句在本策略中很管用，因为它要求对方说出某个词的具体含义。一旦明确了对方是如何使用这个词的，那就可以对他们的论点、用词是否正确以及是不是常见用法等进行评估。所以：如果我用"香肠"这个词表示"3"的意思，那么下面这个推理尽管看起来荒谬，但正确无比：

- 2 比 1 大。
- 香肠比 2 大。
- 因此，香肠比 1 大。

说：在故事《爱丽丝漫游奇境记》及其续集《爱丽丝镜中奇遇记》中，我们遇到了一个充满好奇心的小女孩——据她说自己"七岁六个月"。她进入了一个非常奇怪的梦幻世界，外面世界通行的规则和法律在这里似乎并不适用；在这里你走得越近东西离你就越远，在这里有魔药和蘑菇可以改变你的大小，在这里你可以用眼泪淹死自己。在续集故事《爱丽丝镜中奇遇记》中，爱丽丝想要从商店里买一个蛋。店主说："我从来不把东西放到人们手里——永远不会——你必须自己去拿。"于是她把蛋放到了商店另一头的货架上。当爱丽丝朝蛋走过去时，起初蛋显得越来越远，但随后……

> 那个蛋变得越来越大，而且越来越像人的样子：当爱丽丝走到离蛋几米远的地方时，她发现那只蛋上有眼睛、鼻子，还有嘴巴；当她更靠近些，便清清楚楚地看到那是 _____/_____。[留出空格让孩子们填写那是谁。如果班上学生还想接着听，就接着读。]他正盘腿坐在高墙的顶上——那墙好窄啊，爱丽丝很想知道他是如何保持平衡的……"他真像一个鸡蛋啊！"爱丽丝大声说。
>
> ——摘自刘易斯·卡罗尔的《爱丽丝镜中奇遇记》

✅ 探究 1

任务问题 故事中的角色叫什么名字？（这个角色的名字叫"矮胖墩"，当然，只需在必要的情况下告诉他们。）

嵌套问题

- 如果你知道它是谁，你是怎么知道的？
- 爱丽丝说她很确定他的名字叫矮胖墩，仿佛他满脸都写着这个名字一样。为什么会这样？
- 爱丽丝还说"不可能是其他人！"她说得对吗？
- 在告诉你他叫什么名字之前，是否有可能仅从外表就能知道他的名字？
- 人们的外表跟他们的名字看起来一致吗？
- 有没有人看上去取了一个错误的名字？如果有，该换一个什么名字更好呢？你会如何决定取什么名字？

参见下文的探究 1 之拓展活动。

✅ 探究 2：对话 1

做：要么向全班读出下面这段摘自《爱丽丝镜中奇遇记》中"矮胖墩"一节的对话，要么仍然让班上的学生来读/表演。然后提出任务问题。

矮胖墩：你叫什么名字？

爱丽丝：我叫爱丽丝。

矮胖墩：这名字是什么意思？

爱丽丝：名字**必须**有意思吗？

矮胖墩：当然必须有！**我的**名字就是指我的身形。

名字必须有意思吗？

嵌套问题

- 你的名字是什么意思？
- "矮胖墩"是指"他的身形"吗？
- "矮胖墩"是什么意思？

参见下文的探究 2 之拓展活动。

✅ 探究 3：对话 2

矮胖墩：你之前说过你多大了？

爱丽丝：七岁六个月。

矮胖墩：错！你根本没说过这样的话。

爱丽丝：我以为你的意思是问"你现在多大了？"

矮胖墩：如果我是这个意思，我会这样问的。

 任务问题 ▶ **1. 我们所说的总是我们所想的吗？**

任务问题 ▶ **2. 我们所想的总是我们所说的吗？**

任务问题 ▶ **3. 怎么想就怎么说和怎么说就怎么想，是一回事吗？**

参见下文的探究 3 之拓展活动"疯茶会"。

拓展活动

游戏：不可能是其他人！——探究 1 之拓展活动。（"不可能是其他人"是爱丽丝断言坐在墙上的那个人一定是矮胖墩时所大声喊出的话。）

（1）解释，全班同学要猜您在描述的是谁，这个人会是教室里的一个人。从您自己开始。

（2）说："这个人是［代入自己的性别，以我自己为例则是'男的'］。"大家猜。

（3）说："这个人生于［代入当前年份，如 2020 年］之前。"大家猜。

（4）说："这个人身高［代入自己的身高，如 1 米 8］。"大家猜。

（5）说："这个人［代入自己的一个显著特征，如衣着灰色］。"大家猜。

（6）揭晓答案。

- 根据第一条线索好猜吗？为什么？
- 根据其他线索更容易猜吗？根据哪条线索好猜？为什么？

玩"不可能是其他人！"的游戏！

- 让一个孩子只描述一句话，让其他孩子来猜是教室里的哪个人。
- 最多只能说出这个人的三个特征。
- 每描述完一个特征之后只能猜一次。
- 描述完第一个特征之后猜对的人得三分，描述完第二个特征之后猜对的人得两分，三个特征都描述完猜对的得一分。

给球取名字——探究 2 之拓展活动

（1）让全班给谈话球取名字。

（2）规定必须是原创，不能是已经在使用的名称或词语。（我有一个班取的名字叫"喳嘛哩哇啦"！）

（3）写出几个符合规则的名字，让同学投票。票数最高的那个名字就成为你们的谈话球的新名字。

任务问题 ［代入这个新名字］是一个名字吗？它有含义吗？

嵌套问题

- 名字从何而来？
- 名字有何用处？
- 名字能被发明吗？
- 什么是名字？
- 名字与描述之间有何不同？（参见上文的"不可能是其他人！"）

疯茶会——探究 3 之拓展活动

这是故事《爱丽丝漫游奇境记》之"疯茶会"中的片段，可以由您自己或者班上的其他人来读：

"你的意思是你能说出它的答案来，是吗？"［这里的"它"是指谜语：乌鸦为什么会像写字台？］三月兔问。

"正是这样。"爱丽丝说。

"那你怎么想的就应该怎么说。"三月兔继续说。

"我就是这样说的啊，"爱丽丝急忙回答，"起码……起码我说的就是我想的——这是一回事，你知道。"

"根本不是一回事！"帽匠说，"那样的话，你可以说'我吃的东西我都能看见'和'我看见的东西我都吃'也是一回事咯！"

"还有可以说，"三月兔补充道，"'我的东西我都喜欢'和'我喜欢的东西都是我的'也是一样的啦！"

"还有还有，"睡鼠像在说梦话一样也跟着说，"'我睡觉的时候都在呼吸'和'我呼吸的时候都在睡觉'也变成一回事了！"

"对你来说倒真是一回事！"帽匠说。说到这里，谈话停了下来，大家安静了一分钟。

（1）怎么想就怎么说和怎么说就怎么想是一回事吗？

（2）"我吃的东西我都能看见"和"我看见的东西我都吃"是一回事吗？

（3）"我的东西我都喜欢"和"我喜欢的东西都是我的"是一回事吗？

（4）"我睡觉的时候都在呼吸"和"我呼吸的时候都在睡觉"是一回事吗？

思考下面的例子：

妮莎：今晚你要出来玩吗？

肖恩：我有作业要做。

- 肖恩**说**了什么？
- 肖恩是什么**意思**？
- 他所想的就是他所说的吗？
- 他所说的就是他所想的吗？

苏："但是，小姐，我么子都冇做撒！"[①]

问题：

- 苏所想的就是她所说的吗？
- 苏所说的就是她所想的吗？

相关课程

《"如果"机器》：金手指；蚂蚁的生命意义；椅子

《假如奥德赛》：阴云密布；长着翅膀的话语

《曾经有一个如果》：汪汪叫的猫；没有名字的男孩；它；写成诗行的故事

《哲学商店》：语言与语意或关于现实存在的表达；关于奇境的漫想

《哲学诗歌集》：神奇的词语；一起来写诗；令人惊叹的数字；难题与悖论

---

① 原文用到一些英语方言："I ain't doin'nuffink."

变身矮胖墩

对词语及其含义的思考

不管你信不信，变身矮胖墩这件事是存在的：当一个人为了自己的某种目的改变一个词的常见用法时，他就变身矮胖墩了。请阅读本课，了解为什么这个词是它所表达的这个意思。或者确实是这个意思吗？

所需器材和准备
• 谈话球

相关学科
语言　　读写

主要争议
是否有可能拥有一种私人语言？

核心概念和词汇
交流　　语境意义　　语言　　含义
语言的可变性　　命名　　私人语言
规范　　规定的意思　　理解
话 / 词语

做：您来读或者让孩子们表演以下选自《爱丽丝镜中奇遇记》第六章"矮胖墩"的对话：

说：

爱丽丝：我不懂你说的"光荣"是什么意思。

矮胖墩：你当然不懂——等我告诉你。我的意思是："你在争论中彻底失败了。"

爱丽丝：可"光荣"的意思并不是"在争论中彻底失败"啊！

矮胖墩：当我使用一个词时，它的意思就只是我想让它表达的意思——分毫不差。

爱丽丝：问题是你怎么能自己说个词一会儿这意思一会儿那意思呢。

矮胖墩：问题是谁说了算，就是这样。

任务问题　　一个词的含义可以只是你选择让它表达的意思吗？

嵌套问题
• 我们能决定词义吗？
• 词义是如何被确定下来的？
• 词义会改变吗？

说：今天我们要这样来进行讨论：我会把球传给一个女生作为开始，然后等她说完了，她再把球传给一个还没有发过言的男生。等这个男生说完了再传球给另一个还没发过言的女生。以此类推。

做：提出问题之后，班上已经开始了一段时间的交谈，这时请选择一个想第一个发言的女生——也可以采用随机挑选的方法（参见第 101 页），然后让大家遵循以上描述的规则继续。每个同学发言之后请说："谢谢，现在请将球传给一个还没发过言的女生／男生！谢谢！"每次发言结束都重复这句话，然后……

选择某个时间点，开始对一些关键词"变身矮胖墩"。逐步进行，不用解释或提醒你在干什么，例如：

- "球"变成"香肠"
- "女生" = "树"
- "男生" = "钟"
- "发言" = "钓鱼"

- 还可以做一些刁钻的改变，比如不用另一个动词来替换"传"，而是用比如"山"这样的名词，或者**每次**用一个新词来替换"矮胖墩"当中的一个字，让它变得不连贯。（如果您能掌握好的话！）甚至可以在现场引入一个全新的词语，例如用"川普"代表"猜测"。简而言之：玩得开心点！
- 这个游戏的目的是用行动实现大家正在讨论的事情——用多种方式改变词义。假如孩子们没明白你在干什么，请极其严肃认真地（如果能把持住的话！）重复一遍指令，直到他们做出正确的行为。由于此时的语境易于识别，我上过课的大多数班级都能理解，并且几乎都没注意到其中的讽刺意味。
- 如果他们没有进行评论，可以问问他们认为你一直在做什么。

任务问题　　**我所做的事情是否表示我们能选择词语表达的意思？**

拓展活动

让孩子们发明自己的语言。可以希望他们将发明的"词语表"限定在 20 个词之内，可以给他们一些能利用的基本结构，如"事物类""状态类""地点类""动作类"。通过提问询问他们是愿意独立完成该任务，还是愿意成对或分组完成。

任务问题 ▶ **你能自己完成任务，还是需要一个同伴或者和小组一起来完成？**

嵌套问题

- 什么是语言？
- 语言是如何运作的？
- 语言是用来干什么的？
- 你能拥有私人语言——一种只有你自己说的语言吗？

相关课程

莫·威廉斯（Mo Willems）的《古纳什小兔》（*Knuffle Bunny*）（任务问题：宝宝翠西会说话吗？）

《"如果"机器》：金手指；蚂蚁的生命意义；椅子

《假如奥德赛》：阴云密布；长着翅膀的话语

《曾经有一个如果》：汪汪叫的猫；没有名字的男孩；它；写成诗行的故事

《哲学商店》：语言与语意或关于现实存在的表达；关于奇境的漫想

《哲学诗歌集》：神奇的词语；一起来写诗；令人惊叹的数字；难题与悖论

镜子里的人

对他人的思考

本课邀请学生通过对自己的思考来对故事的寓意进行反思（道歉！）。这是让孩子们批判性解读故事内容的又一节课。作为一节创造性的写作课也同样完美。

所需器材和准备
- 学习要讲的故事（可选）

相关学科
读写
个人、社会和健康教育（PSHE）

主要争议
我们能在多大程度上理解他人？

核心概念和词汇
同情　　讨厌　　同一性　　他人
视角　　角度　　理解

关键引导方法
对立反应探测器

关键引导方法

对立反应探测器

想要在一个班级或小组里找到争议，如果有这样一个想法总是和别人不一样的人存在的话，有时根据人来识别会是比较有用的办法，而不只是简单地传球，然后指望有人会有不一样的发言。因此，假如前一个发言者认为的"是 X"（如"是同一艘船"），那么偶尔问"有没有人认为'不是 X'？"（同样是该案例，则是"不是同一艘船"）会很有收获。即使只有一个人认为"不是 X"，也足够引导对话继续下去——发现讨论当中的"咬点"。（参见第 122 页的"想象中的反对者"，了解如果没有人有不一样的想法，那该怎么办，同时参阅附录 1 的"反应探测器"。）

做：读或者讲述下面这个故事的开头。

说：农夫费奥多尔和伊万是邻居。费奥多尔讨厌伊万。伊万讨厌费奥多尔。他们彼此讨厌。费奥多尔讨厌伊万张着嘴吃东西。伊万讨厌费奥多尔独自哼小曲儿。费奥多尔讨厌伊万自以为是的样子，伊万讨厌费奥多尔以为伊万自以为是的样子。除此之外，还有很多他们讨厌对方的地方。

就在这一周，他们比往常更加憎恨对方了。伊万已经开始犁一块他认为不属于他俩任何一方的地，但是当费奥多尔发现时，却声称那块地是他的。要确切判断出这块地属于谁很难。

伊万犁完地之后，费奥多尔播了种。接着伊万放了一大群鸟吃掉了全部种子，然后用自己的种子种了地。接着费奥多尔放了一大群老鼠吃掉了伊万所有的种子，然后自己犁了地，并且又自己播了一遍种。然后伊万！然后费奥多尔……直到各种耕地、犁地、种地的活儿把土地翻了个底儿朝天，一个可能永远改变他们的东西出现了。

费奥多尔先注意到它。一个看起来像是木头棺材的东西正栽在地里。受好奇心的驱使，两人不约而同地一起去挖这个神秘的人造东西。挖出来后，他们发现这是一副棺材。两人又默默地并且完全同步地打开了棺材。里面有一个人的遗体；已经无法分辨那到底是男人还是女人，因为只剩下一堆发了霉的骷髅骨头。不过骷髅人两手各有一面小镜子。因为有两面镜子，或许也因为二人太吃惊了，他们都只拿了离他们最近的一面镜子。两个人本能地举起镜子往里面看，然后一起尖叫："啊——啊！"

［问听众认为伊万和费奥多尔照镜子的时候看到了什么。］

镜子里看到的东西令二人惊恐万分，于是他们扔掉镜子，跑回了各自的家。镜子里凝视着自己的人不是他们自己，而是对方。

任务问题 **接下来会发生什么事?**

写出你自己悟出的道理

这应该被当作一个故事写作的练习。在这个练习中，孩子们用自己悟出的道理编写出故事的结局。不过在写作之前，应该给他们机会探讨一下这个故事的寓意，以及他们认为接下来会发生什么；换言之，他们认为这个故事应该教给读者什么。

（1）按照 PaRDeS 四法则（参见附录 2）解读故事，不过要做一个细微的改动。道德层解读时不问"我们从这个故事中学到了什么？"而是这样提问："你认为读者会从这个故事中学到什么？"

（2）等孩子们讨论完这个问题，再让他们写出自己认为的这个故事所讲的道理。
例如："它教导人们仇恨只会导致苦恼。"

（3）然后再让他们写出符合这个道理的故事结尾。

（4）接下来可以讨论他们写的结尾是否成功蕴含了他们所写的道理。

（5）可以围绕他们所写的道理是不是良好的道德品质，展开进一步的后续讨论。

故事应该讲道理吗？所有故事都蕴含道理吗？

下面是我从大概是四年级（8 岁）学生那里得到的两个例子：

- 在变回自己之前，他们应该学会对彼此友善。
- 他们知道了他们实际上是兄弟，那个骷髅曾经是他们的父亲。

（讨论这两句话事实上是否都是道理，引导大家讨论什么是"故事蕴含的道理"。）

拓展活动

新西比的故事

给"西比的系列故事"（参见第 58 页以及《"如果"机器》一书相关内容）写续集，杰克的父亲又造了一个 CB1000 号机器人，跟第一个机器人一模一样，连记忆都完全相同。

任务问题 **是否存在不止一个西比？**

可以按照这个思路继续玩：

- 假如新西比各方面都跟原西比一模一样，除了杰克的父亲新造的这个看起来像个女生，会怎么样？
- 假如杰克的父亲将两个西比用无线网络连接到一起，这样两个西比就可以共用计算机大脑，会怎么样？

相关课程

《曾经有一个如果》：水人；不合适的正方形；两个辛巴达（任务问题：富人能理解穷人吗？）；坑和海的老人（任务问题：辛巴达的杀戮行为是否能够得到理解？）

《"如果"机器》：王子与猪；比利啪啪（另一个未完结的故事，用来尝试本课的故事写作练习）；另一个星球上的你；你在哪里？

《假如奥德赛》：遮瑕膏

《哲学商店》：形而上学——个人身份同一性，特别是"复制机"

《哲学诗歌集》："你、我、外星人及其他人"，特别是"那是谁？"

艺术侦探

对美丑标准的思考

本课非常适合教学或让孩子们自学对事实/价值的区分（通常被孩子们当作"事实/看法"的区分）。不过，本课同样适合学生（和老师）进行更深层的思考，是否有任何理由认为美是主观看法之外的东西（见仁见智）：是主观看法之间的东西（见仁见智但共享），甚至是客观的东西（如世界的一部分，就像化石一样）。

所需器材和准备

- 最多需要八幅画（例如：第一部分用两幅鲁本斯、一幅提香和一幅梅姆林；第二部分用一幅鲁本斯、一幅毕加索、一幅怪异图案和一幅抽象画）
- 几首烘托图画的音乐
- 用来当作"美丑探测器"的东西；某种手持式机器——可以自己"做"一个（可选）

相关学科

艺术　　肖像

主要争议

美存在于观者的眼中吗？某个事物为什么美有理由吗？判断美丑是否存在一个或多个标准？

核心概念和词汇

美　　客观　　现实　　风格
主观　　丑

关键引导方法

激发（见下文及第6页）

关键引导方法

激发

我觉得这个方法应该在课堂上谨慎使用，但如果利用得好，它激起的回应可以成为热烈讨论非常有效的催化剂。如果您不是很擅长扮演"故意唱反调的人"，那可以在每次表达挑衅性陈述之前插入"如果我要是说……"这样的话头。当我怀疑自己在用这个方法分享我自己的观点时，我会避免使用该方法。假如您能在自己的观点之外找到使用该方法的理由，那最好不过。这种情况下，通常是从孩子们的观点入手，如下例所示。（请同时参阅第4页的"有一个想法"。）

☑ 风格侦探

做：第一项活动，先摆出四幅画，其中一定要有两幅画是同一个画家所画。每幅画旁边标注一个代号：1、2、3 和 4。这样孩子们指代起来比较方便。

说：有个任务需要你们来完成。请识别出这里面哪两幅画出自同一位画家之手。

做：30 个孩子左右的班级里，可以 5 到 6 个人为一组。各组完成任务之后，花几分钟的时间让各组说出哪两幅画是同一位画家画的，并坚持让他们说明**为什么**这么认为。在白板上标记出大家的选择，以便之后使用。这一步完成之后，揭晓每幅画都是谁画的，说明绘画时间等等。

☑ 美的侦探

做：换上另外的画。通常我会保留一幅鲁本斯，加一幅毕加索、一幅怪异的图案和一幅抽象画用作对比。

说：这一次的任务是请识别出最美的那幅画。

做：如有必要，重复上述步骤。记得要坚持让孩子们说出**为什么**这么选择。随后可以提出以下任务问题：

任务问题　**如果有方法的话，我们如何确定哪幅画最美?**

或者您可以……

说：要我来告诉你们答案吗?

这么说应该就足以引来抗议了！您也许会担心这么说就不得不给出一个答案，所以如果真的处于这种境况之下的话，有一个策略可以帮到您（如果有人说"可那只是您自己的看法"，您可以自信地回答"不是！"）：

> **说**：答案就是［仅需看看白板上的计数并选择投票最多的那幅］：最美的画是［代入得票数最多的那幅画］。

> **做**：当然，您还应该揭晓您得出最终"答案"的方法。不过不用马上结束，此处还可以引导出一次很棒的探究。

任务问题　投票能够决定哪幅画是最美的画吗？

嵌套问题

- 美能够由大多数人的意见来决定吗？
- 美能够被一些东西来决定吗？如果有这种东西，那会是什么？
- 美是存在的吗？
- 美存在于观者的眼中吗？
- 美在哪里？
- 是否存在引起美的原因？
- 是否存在引起我们说出"X很美"的原因？如果有，它跟说出某物很美是一回事吗？

拓展活动

丑的侦探

遵照"美的侦探"中描述的相同步骤进行，一定要包含一幅"丑陋的"画，如马西斯的《丑陋的公爵夫人》，然后布置以下任务：找出最丑的那幅画。感谢理查德·安东（Richard Anthone）提供这个反向活动的点子。

☑ 美丑探测器

> **说**：科学家戴维设计并制作了一个探测美丑的机器，它能探测到最美的东西。只要将机器对准要探测的物体，它就会告诉你这东西有多美。

> **做**：（可以用手机来做这个游戏，假装有一个应用软件能探测到美丽的事物，跟音乐雷达能探测到音乐一样。）

提问：

任务问题　戴维的"美丑探测器"会在对准的物体上探测哪种东西？

作为其判断依据，该探测器会使用……

- 专家的意见？（任务问题：专家能决定吗？如果能，如何决定？）
- 大多数人的意见？（任务问题：可以通过投票决定吗？见上文。）
- 色彩的表现？
- 各部分之间的平衡？
- 投入了多少精力？
- 或其他事实？
- 它是否抓住了美的本质？

相关课程

《曾经有一个如果》：钻石谷

《幼儿哲学》：美学——美、图画和故事

《柏拉图错了！》："什么是艺术？"

《"如果"机器》：椅子；蚂蚁的生命意义

《假如奥德赛》：战争；战斗（"道德相对主义"）；晚餐嘉宾（＋在线补充资源）

《哲学商店》：价值——美学；善恶探测器；形而上学：虚构

《哲学诗歌集》：眼见就一定为实吗？；颜色；咬；线

第欧根尼和亚历山大

对美好生活的思考

本课将邀请孩子们来思考古希腊最热门的一个哲学问题：什么是美好的生活？尽管这个故事可能是虚构的，但它会让我们思考幸福与自由的关系。正如雅典立法者梭伦所言："不到死去，谁也称不上幸福。"这是什么意思呢？

所需器材和准备

- 熟悉附录 2 中描述的 PaRDeS 法则
- 学习要讲的故事（可选）

核心概念和词汇

自由　　幸福　　独立

道德义务　　责任　　价值

相关学科

艺术

关键引导方法

即时戏剧化（参见第 153 页）

主要争议

如果没有财富也没有财产，如何才能过上美好的生活？

哲学小知识

犬儒学派是希腊化时期——亚历山大大帝掌权之后希腊文化在欧洲传播开来的时期——发展起来的哲学思想学派之一。另外还有斯多亚学派 / 禁欲主义者（参见第 24 页）、怀疑论学派和伊壁鸠鲁学派 / 享乐主义者，据说都是苏格拉底哲学不同方式的发展。所有这些学派的名字在后来的英语（和其他）语言体系中所表达的含义，都发生了不同于其哲学起源的细微改变。犬儒主义背后的关键理念是让生活变得简单、美好和真实。这意味着，犬儒主义者摈弃社会习俗，更倾向于一种直接并残酷真实的生存方式。

说：为了让你们了解这个故事中的希腊早期哲学家是如何联系在一起的，这里我要做一个简要说明：苏格拉底是柏拉图的老师；柏拉图是亚里士多德的老师；亚里士多德是亚历山大大帝的老师；亚历山大——你们会发现，他是跟第欧根尼同时代的人。

这个故事是关于两个人的，他们两人都相信自己过的是最好的生活，都相信自己是自由的。这两个人就是西诺普的第欧根尼和亚历山大大帝。

做：可以在这时更详细地介绍亚历山大的生平，根据您的喜好和需要决定即可。

说：亚历山大强大无比，可以做任何他想做的事情。他永远不会受到惩罚，因为根本没有比他权力更大的人。他想拥有的东西，没有得不到的；他想杀某个人，这个人就活不了；哪怕行军的路上有高山阻挡，他的奴隶们也会把它移走。第欧根尼是一个一无所有的人，但是他说他也能拥有任何他想要的东西，因为他只想要自己需要的东西和美好的东西。第欧根尼饿了，就吃点儿面包和水；想要舒服点儿，就去晒太阳或者躲躲雨；想说什么，他就会说什么。

这是一个关于亚历山大大帝和第欧根尼相遇的故事。但这个故事并不是从第欧根尼或亚历山大开始的，而是要从苏格拉底讲起。

据说有一天，苏格拉底在逛雅典的集市——或叫市场。逛完了所有摊位上售卖的东西之后，他说："看看这些东西吧，我都不需要！"

后来，一个叫第欧根尼的人生活在一所美丽的大房子里。他非常富有，有许许多多的奴隶伺候着他，可是他并不快乐。总有人问他要钱，总有事要去做，要修房子，要照管奴隶，却总没有时间留给自己去思考——这是第欧根尼非常喜欢做的一件事。

一天，第欧根尼在街上看到一条无拘无束、随心所欲的狗。他注意到，这条狗尽管一无所有，但看起来十分开心和自由。他想，正是因为这条狗一无所有，所以它才快乐又自由。他想起了小时候听过的苏格拉底逛集市的故事。看看自己的房子、财富和奴隶，他心里想："我不需要任何这些东西。事实上，我觉得如果没有这些东西我会过得更好。"于是，第欧根尼决定离开他的房子并放弃所有财产。他释放了奴隶们，然后进入这个宽广的大世界。终于，他相信自己自由了。

任务问题 第欧根尼快乐而自由吗？

嵌套问题
- 什么是自由？
- 什么是快乐？
- 那条狗自由吗？

说：最终，第欧根尼找到了前往雅典之路，成为雅典城的一位著名公民。他没有大房子，也没有奴隶；一件斗篷、一根棍子、一只杯子和一个城墙外的栖身之桶就是他的全部。每天，他的追随者和祝福者们都会带给他面包、奶酪、水和水果；这足以维持他的生存。他声名显赫，以至于他的教诲和思想都传到了地中海世界最有权势的人——亚历山大大帝——的耳朵里。亚历山大是当时世界上最大帝国的皇帝。虽然亚历山大是一位伟大的军事领袖，但他年轻时——你们还记得吧——曾师从哲学家亚里士多德。

那些遵循第欧根尼教义的人后来被称为"犬儒主义者"（Cynics），这个词来源于希腊语的"dog"（狗），或许是因为第欧根尼正是从街上遇到的狗身上获得的灵感。由于十分尊重这位雅典城外的陌生老人，亚历山大希望拜访第欧根尼并表达他的敬意，所以他一路走到了雅典。雅典人民听说亚历山大大帝来了，于是准备隆重欢迎这位举世闻名的帝王，为他和跟随他的人备好了许多昂贵的美食和美酒，还有很多侍奉的奴隶。可是当亚历山大抵达雅典时，对如此大阵仗的仪式却丝毫不感兴趣，而是直奔第欧根尼的木桶，对他说："我是亚历山大大帝，是这世上最有权势的人，出于对你的学说的尊敬，我愿意给你任何你想要的东西。说吧，它将归你所有。"

第欧根尼抬头看了看亚历山大，然后说："有一件事您可以为我做。"亚历山大说："你说。"

"能否朝左边挪一挪，"第欧根尼向左挥了挥手，"因为您挡住了太阳。"

亚历山大的一个守卫，从来没见过有人对他的领袖如此无礼，于是举起长矛要捉拿第欧根尼。亚历山大抬起手制止了卫兵，并说："不要伤害这个男人。老实说，如果我不是亚历山大，我真希望成为第欧根尼。"

阐释问题：亚历山大大帝说："老实说，如果我不是亚历山大，我真希望成为第欧根尼。"这是什么意思？

任务问题 他们俩谁的生活更好？

嵌套问题

- 什么样的生活是最好的生活？
- 如何才会更幸福？是拥有更多还是更少？
- 苏格拉底说："看看这些东西吧，我都不需要。"这是什么意思？
- 需要什么才会快乐？
- 如果你只有一件斗篷、一根棍子、一只杯子和一个木桶，你觉得会更自由 / 快乐吗？还是更不自由 / 不快乐？
- 什么是自由？
- 什么是幸福？
- 如果必须选择，你愿意成为亚历山大大帝还是犬儒主义者第欧根尼？为什么？
- 是你个人的幸福重要，还是其他东西更重要？
- 如果可以的话，你更想成为什么人？

更多解读

尝试用 PaRDeS 法则来解读这个故事，可根据需要调整（参见附录 2）。

"我就是法律"

下面这段话来自对漫画人物德雷德法官（Judge Dredd）的描写，但用到亚历山大大帝身上也很合适。您可以再次回到故事中的这一段，从另一角度解读这个故事：

> 亚历山大强大无比，可以做任何他想做的事情。他永远不会受到惩罚，因为根本没有比他权力更大的人。他想拥有的东西，没有得不到的；他想杀某个人，这个人就活不了；哪怕行军的路上有高山阻挡，他的奴隶们也会把它移走。

任务问题　　亚历山大能做任何他想做的事情吗？

嵌套问题

- 如果有的话，什么事情是他不能做的？
- 什么事情是他不应该去做的？
- 假如没有人阻止他，他有没有理由不去做坏事？
- 信教的人在回答第一个嵌套问题时会说什么？
- 在回答第一个嵌套问题时，道德优秀的人会怎么说？
- 你的母亲会如何回答第一个嵌套问题？

相关课程

《曾经有一个如果》：诺言拖鞋；公平泉；神奇的王冠；两个辛巴达；钻石谷；马鞍；坑；海的老人

《幼儿哲学》：第 1～4 章

《柏拉图错了！》：第 6 和第 7 章

《"如果"机器》：蚂蚁的生命意义；共和岛；盖吉斯之戒；王子与猪；快乐的囚徒

《假如奥德赛》：幸福与遗忘；船长还是船员？；选择

《哲学商店》：价值——政治；价值——道德伦理

《哲学诗歌集》：爱、善良与幸福

即时戏剧化

当您要讲的故事可能存在孩子们难以理解的细节时，最佳做法就是用生动的方式来讲故事；单纯地念纸上的内容与将故事生动呈现在观众面前还差很远。有的故事细节即使很会讲故事的人也束手无策。这种情况下，请让孩子们来帮您讲故事。邀请志愿者在您讲故事的时候来表演。当有新的角色出现时，就指一个班上（已经表达过参与愿望）的同学。他们的任务是表演出您描述的情节（没有语言；如果孩子们说话会很分心）。出现其他新角色时，再指向其他志愿者即可。您会发现，随着故事的继续，会有越来越多的孩子想当志愿者，所以要时刻留意哪些孩子想参与进来。当孩子们看见故事里的事件就"发生"在他们眼前，您会发现他们更容易理解故事中的细节。

绝对 / 也许

这是我的同事哲学基金会专家霍金斯开发的一项针对（低龄）幼儿的策略，不过也可以用在年龄稍大的孩子身上。为了鼓励孩子们更明确地表达想法，他会经常问他们是"绝对"、"绝对不"还是"也许"这么认为。例如，"这**绝对**是钱吗？"（说这句话的时候他会向上竖起大拇指）"这**绝对**不是钱吗？"（说这句话的时候大拇指朝下）然后还问："这也许是钱吗？"接着再"打开封闭式问题"（参见附录 1）："能说一下为什么吗？"对于大一些的孩子，可以换更复杂的词来应用该策略，比如"你认为这**可能**是吗？……你认为这**不可能**是吗？……"（"绝对不可能？也许不可能？"）"你认为这**必然**是吗？"等等。

钱、钱、钱

对货币价值的思考

像数字或自我一样，钱是这个世界上我们直到停止思考都始终自以为了解的东西。本课对《"如果"机器》中的"共和岛"或者说《曾经有一个如果》中的"钻石谷"进行了很好的扩展。

所需器材和准备

- 一张 5 元的纸币
- 几张跟 5 元纸币差不多大小的纸张
- 一些玩具钱（可选）

相关学科

地理　　历史

个人、社会和健康教育（PSHE）

主要争议

钱本身有价值吗？钱代表什么？

核心概念和词汇

信心　　货币　　工具性的

内在的　　钱　　贸易　　价值

关键引导方法

绝对 / 也许（参见第 153 页）

做：在地上放一张真正的 5 元纸币、一张上面写着"5 元"的纸以及一张 5 元的玩具钱（如果有的话）。然后提问：

> **任务问题**　这几张纸的价值一样吗？

嵌套问题

- 如果不一样，为什么？
- 是什么赋予金钱价值？
- 钱只是一张纸吗？
- 什么是钱？

做：这一次，在地上放两张纸，一张上面写"5"，另一张写"10"。提问：

嵌套问题

- 如果不一样，为什么？
- 是什么赋予了金钱价值？
- 钱只是一张纸吗？
- 什么是钱？

拓展活动

荒岛

> **说**：请想象一下，现在你们所有人——全班——都被困在一个荒岛上。你们学会了如何在岛上生存下去，建立了你们自己的社会，建造了房屋和农场，有些人已经开始做生意。现在有人建议你们创造自己的货币，也就是你们自己的钱。

任务问题　你们会如何制造你们自己的钱？

嵌套问题

- 是什么让钱起作用？
- 是什么让钱有价值？
- 需要什么才能在岛上拥有自己的钱？
- 只需要写着数字的纸就可以了吗？

相关课程

《曾经有一个如果》：钻石谷；马鞍

《"如果"机器》：共和岛；蚂蚁的生命意义

《假如奥德赛》：长着翅膀的话语

《哲学商店》：语言与语意；价值——美学

《哲学诗歌集》：小行星；线；一串字符有多长？；秩序；话中有话？；看不见的标点

能让东西不存在的盒子

思考假如世界没有……

这堂令人回味无穷的课将为您——老师——提供一种可以一次又一次反复利用的通行策略（"这个世界有了/没有 X 将会是什么样子？"），从橘子开始，可以换成任何其他合适的名词，或者是像爱、钱、死亡、邪恶这样的抽象名词。

所需器材和准备

- 一个带盖的不透明盒子
- 上课之前在盒子里放一个橘子，这样孩子们就不知道里面有橘子
- 一张叠起来的纸也放在盒子里

相关学科

读写（反事实思维）

个人、社会和健康教育（PSHE）

主要争议

什么东西有可能不存在？有没有东西是现在不存在，但曾经可能存在过的？……或许这是胡说八道？

核心概念和词汇

如果……的话会怎样？

条件句　　反事实　　假设思维

参考　　未提及的实体　　话语

关键引导方法

反事实：假如世界没有……

说：我想请大家想象一下，这个故事真的发生在你们身上！

不久前的某一天，你搬家了。想象一下，你搬进的是一栋老房子……

在所有家具搬进来塞满整个房子之前，你决定四处看看这房子的各个角落。这时，你注意到房间包括整个房子在空着的时候，会发出一种奇怪的声音。

终于，你找到了一扇通向地下室的门。你会下到地下室里去吗？你决定去一探究竟。通往地下室的楼梯间灯光昏暗。彻底探索一番之后，你在贴近墙根的一个隐蔽角落里，发现一块松动的砖块后有一个小洞。你移走砖块，将脸贴在地窖冰冷的地面上，使劲往里瞅。潮湿的空气中有一股霉味。黑暗之中，你只看到洞里面藏着一个像金属的东西。你会伸手去够这个你刚发现的东西吗？好奇心越来越强，你伸手进去，摸出了一个盒子——一个生锈的旧盒子。

做：拿出你事先准备的盒子，举在胸前，然后打开它。

说：你打开盒子，惊讶地发现里面有两样东西：一样你从没见过的东西和一张叠起来的纸。你从没见过的那个东西是橘子，看起来仿佛是某种水果。它圆圆的，上面满是小凹坑。

做：伸手去拿橘子。

说："哇哦！"你喊道，"是一个橘子！"真有趣，当它还在盒子里的时候，你并不知道这是什么，但现在一拿出来，你马上就明白这是个橘子。

做：把它放回盒子里。

说："这是什么？！好奇怪的水果！"你心里想。

做：再次拿出来。

关键引导方法

反事实：假如世界没有……

"反事实"是对不同于现实世界的世界之事实的如实记录。"反事实"为我们提供了一种可以在许多不同教学情境下反复使用的通用策略。您只需采用这样的提问模式："这个世界没有 X 将会是什么样子？"然后将 X 替换成任何东西，如数字、爱、钱、学校甚至是老师！也可以反过来："这个世界有了 X 将会是什么样子？"X 可以是从"不可思议的缩小机"到让你说真话的项链之类的任何东西。

说：接着，你有了一个主意，决定看一看那张叠起来的纸上有没有答案。于是你拿出纸张，打开，读出上面写的话：

> "这是一个神奇的盒子，"上面写着，"它可以让东西遁于无形。什么东西只要放到里面，这个世界就不再存在这种东西，无论是实体的东西，还是在纸上写出的这样东西的名字。"

说：所以，现在你明白了刚才发生的事情，为什么把橘子放到盒子里，你就不知道它是什么了。因为当它在盒子里的时候，这个世界上是没有橘子这种东西的！

做：把橘子放进盒子，然后提问：

任务问题　这个世界没有橘子将会是什么样子？

嵌套问题
- 橘子重要吗？
- 如果没有了橘子，你能想到还有什么东西也会随之不复存在？（比如橘子酱。）
- 世界上没有橘子的话会有什么影响？
- 没有橘子味的话，你会更惨吗？
- 如果你不喜欢橘子，那没有橘子会不会更好？

往盒子里装东西

让孩子们在纸上写出他们想放到盒子里去的东西。禁止写其他人或者任何会令其他同学感到不适的东西。绕教室走一圈，让孩子们将他们写的纸条放进盒子。跟匿名活动（参见第 6 页）一样，您现在有机会浏览大家的答案，不采用那些因各种原因不合适的条目。将剩余的条目作为讨论的激励因素。有趣的是，每次我上这一课——无一例外——收集到的最多的 X 条目就是"钱"。"这个世界没有钱将会是什么样子？"这个问题也是一个很不错的讨论点，用在"钱、钱、钱"那节课（参见第 154 页）上也很有效。这个游戏并不局限于这一节课；可以寻找其他适合利用这个盒子的机会。

万物之书与现实眼镜

（参见第 43 页和第 119 页）

万物之书

> **说**：请列一个清单，可能的话，列出 5 种现在不存在，但可能存在过的东西。

任务问题 ▶ **"现在不存在，但可能存在过的东西"清单会在万物之书里面吗？**

现实眼镜

任务问题 ▶ **1. 如果你要戴上现实眼镜，你会看见现在不存在但曾经存在过的东西吗？**

任务问题 ▶ **2. 你会看见还没有实现的可能性吗？**

相关课程

《曾经有一个如果》：曾经有一个如果（第一和第二部分）

《"如果"机器》：古怪小店

《假如奥德赛》：世界之下；岩石的恐惧

《哲学诗歌集》：可能的世界；石块；不可为之事；更多不可为之事

附录 1
关于促进想法多样化的思考

这可能是本书中最重要的一部分。一场良好讨论的关键是争议，争议始于有异议或导致争论的疑问或／和刺激。但光有这一点也许不够，还需要小组内部产生各种想法，以帮助他们理解**这种**争议。本书中的课程会为您提供上课所需的刺激，但讨论是否能顺利进行则取决于您。下面这些提示和技巧，能帮助您通过鼓励想法多样化来推动一场良好的讨论，而无须像通常那样扮演"故意唱反调的人"。

开放式／封闭式问题

使用语法上封闭的是非疑问句（"这是数字吗？"），而不是概念上开放的特指疑问句（隐含在上个问句背后的其实是"什么是数字？"）。是非疑问句只需要学生根据提问回答"是"或者"不是"，或者给出比如"没空回答"这样的简短答复。通过设置这种二元式提问可以鼓励学生表明立场，从而建立起自己与问题以及同学们之间的辩证关系（我认为"是"但他认为"不是"）。您可能会惊讶地发现，提出二元式问题实际上会激励学生向二元问题本身发起质疑。当他们开始有以下表现时，就说明已经在质疑了："我认为**这两个都**……""我不认为'是'或者'不是'……""**有时候'是'有时候'不是'**……"等等。这类语言的出现意味着，题目里的概念比题目本身具有更细微的差别，而且有必要将差别描述出来。

打开封闭式问题

如果使用了封闭式问题，别忘了要将它们再次打开。下面是一些常用的打开封闭式问题的方法：

- **证明**："能说说你**为什么**这么认为吗？"
- **阐明**："你说的 X 是**什么意思**？"
- **引出**："能再**多**说说吗？"
- **例证**："能举个**例子**吗？"
- **测试含意**："能说出关于……**告诉**了我们什么吗？"或者"你认为这是什么意思？"
- **条件**："能说出这要视什么情况而定吗？"
- **解释**："能说出你会**怎样**表现……吗？"

继续传球

继续将球传递给其他新的发言人，要记住不要只传给举手示意的人。有时候，只需要让新人参与表达，多样化的想法就会自然而然地产生。这种简单的引导方法成功的关键，完全不在于应答，也不在于简单地说"谢谢"。如果非说点什么不可的话，**复述**（对班上同学重复他们说过的话）或者**诱导**（要求其他同学多说）也是不错的回应方式。

提醒学生在两种情况下可以举手：（1）回答已经提出的主要问题；（2）回应其他说话者的内容。回应的常见情形有：

- 同意（"我同意……"）
- 反对（"我反对……"）
- 合成（"我同意又不同意……"）
- 补充（"我同意，而且……"）
- 限定（"我同意，如果／除非……"）
- 区别（"我同意，但是出于不同的原因……"）
- 提供另一个观点（"……怎么样？"）
- 反例（"可是如果……"）

如果以上两种策略都试过了，但没引起什么反应，可以试试以下建议。

反应探测器

- "如果对前一个人的看法有什么想说的话，请举手。"（"举手"策略）
- "如果想回答问题，或者对其他人说过的话有任何不同意见，请举手。"
- "如果立场相同，但是原因不一样，请举手。"
- "如果同意，请竖起大拇指；如果不同意，请大拇指朝下；如果既不同意也不反对，请将大拇指朝向侧面。"（"拇指投票"策略）
- 假如提出的问题是是非疑问句（例如"这是同一艘船吗？"）：
  - "认为'是的，（例如）这是同一艘船'的同学，请举手。"做出回应。
  - "认为'不是，（例如）这不是同一搜船'的同学，请举手。"做出回应。
  - "认为不能仅仅用'是'或者'不是'来回答的同学，请举手。"做出回应。
- 假如有人说的话你认为有疑问，或者会引起争议："对于刚才这位同学（或者：直接使用某位同学的名字）的发言，有没有人愿意说点什么？"（注意：请尽量保持这种开放式的邀请语气，如果您总是说"有人不同意这一点吗？"那您只是在对那些不同意的人说话，而把那些同意或者并非简单持同意 – 反对态度的人排除在外了。）

答辩权

如果有人质疑其他人，或对他人的想法发表评论，请允许受到质疑或评论的人有机会做出回应。要明确你为什么允许一个人连续多次表达想法，例如："让人们为免受质疑而进行自我辩护，是公平使然。"

交谈时间

这是在不受全班探究的限制时，孩子们转身跟旁边的人交谈的时间（见导语第 x 页）。通常在"任务中断"的时候，班里需要立即展开议论，也就是说在不考虑规则的情况下，大家彼此谈论已经说过的事情，此时请运用交谈时间。交谈时间可以让学生"摆脱困境"，特别是当他们所说的想法特别具有争议性时。除此之外，它还具有以下想法多样性方面的好处：

- 在这段时间，您能有机会巡视全班，发现各种想法，以窥详情，尤其是那些与众不同者，如有必要，可将这些特别的想法引入讨论。

- 可以让那些不举手以及"还没有迈出那一步"的学生，也来说说他们的想法。
- 同时，引导者能借此发现那些不主动的学生们在想什么。

举手 / 放下

为更具包容性，举手是确定谁发过言、谁还没有的好方法。（比如）我会使用以下策略："如果有话要对上一位发言者说，请举手。今天已经发过言的，请放下手。"如果所有人都放下手，然后您可以说："好的，如果谁有话要对上一位发言者说，请举手。现在，如果今天已经不止一次发过言的，请放下手。"

任务多样性

这与上面列出的"反应探测器"的部分内容有关，但更系统。有时最好的办法是让班上尽可能多地出现不同的答案（或相同的答案 / 不同的理由）。为了将这些想法集中，您甚至可以推迟查问原因（参见附录 1 中的"打开封闭式问题"），稍后再说。

提供对比的例子

这能成为一种解决问题和争议的行之有效的方法。假如，我想调查班上学生对数字的本质的认识，我可能会先在白板上写"2 2 2 2"，然后问："这里有多少个数字？"有可能这就够了，但如果不够，那我会引入一些对比的例子。我可以写"0 0 0 0"然后问同样的问题，或者"贰 二 Ⅱ two"（分别包括中文大写汉字数字、中文小写汉字数字、罗马数字和英文数字）[①]，或者"贰、刵、侢[②]、'自然数列中的第二个数字'"，并再次提出相同问题。这些对比鲜明的例子更有可能引起争议，例如"零是一个数字吗？"以及"一个数字与代表它的符号不同吗？"这是问题"什么是数字？"的关键所在。（看看第 130 页的"心灵致动师"中是如何运用对比策略的。）

想象中的反对者

该策略通过鼓励班级积极寻求不同观点来创造多样性的想法。当出现一致意见，一场良好的讨论有可能就此被扼杀时，这一条尤其管用。让孩子们想象一个不同意他们的人，然后问他们认为他会说什么。下一步是询问他们认为"想象中的反对者"会给出什么理由或原因。这个策略可以成对、成组也可以全班一起使用。有时候，由于他们想象当中的反对者说的话，孩子们会改变自己的想法。

随机选择

偶尔传球给（或选择）那些没有举手或从不举手的人，这一点非常重要。有时，一些能推动事情发展的绝妙想法就来自那些如果不被邀请就什么也不说的人。

物理多样性

这涉及让学生以物理或空间上的某种方式来表达他们对议题的看法。这样做，全班都能了解到有关这个问题或观点的"意见景观"。有多种方式可以实现这一点。我愿意在此分享两种，不过如何运用，敬请随意：

- **磁铁**：在教室中间放置一份写在 A4 纸上的陈述（可以是陈述形式的任务问题，也可以是其他学生说过的某句话）。然后要求全班都站起来，根据各自对该陈述同意或不同意的程度，选择距离纸张的站位远近。如此一来，如果非常同意则应该紧挨着陈述站，而

[①] 此处原文分别是英文、罗马、中文和阿拉伯字符表示的"2"，这里进行了中文语境下的调整。
[②] 此处对英语原文进行了中文语境下的调整。

如果强烈不同意，就应该站在自己椅子旁边（或靠墙站，曾经上过我的课的一些孩子就这样做）。他们也可以站在陈述和椅子之间的任何地方。

- **对/错**：在一张 A4 纸上写"对"，另一张写"错"。将两张纸分开放在地上，表示两种判断类别。在第三张纸上写出一种陈述（可以是陈述形式的任务问题，也可以是其他学生说过的某句话）。逐个要求学生按照各自的看法放置写有陈述的纸张，并根据同意或不同意的程度来选择是放在一侧还是放在中间什么位置。始终轻声地询问为什么会那样放置或移动纸张的位置。

匿名

有时候，学生的想法会受到其他人（同学或老师）对他们所说内容的看法的影响。这种情况下，匿名能帮助实现想法多样化。最简单的方法就是让学生在纸上匿名写出他们的想法。而且要向他们解释，**如果他们愿意**，欢迎告诉其他人，哪个想法是自己的，**但并不强求**。

不同答案原则

有的情况允许您要求孩子们以一种"游戏"的形式来完成"任务"，即每个孩子必须提供一个不同于其他任何孩子的答案。因此，使用这一策略时，我可能会说："如果有人说出了你本来要说的答案，那你必须努力想一个不同的答案！"例如，在利用《哲学诗歌集》里一首叫《两耳之间》（参见《哲学诗歌集》第 12 页）的诗上课时，我让孩子们列出他们能想到的所有存在于两耳之间的东西。为了鼓励多样性，我使用了"不同答案原则"的策略。这往往意味着，随着活动的继续，他们会渐渐摆脱常规的显而易见的答案（"大脑""耳垢""头发"），转而想到很多不那么显而易见的答案（"精神""信息""思想"）。

同时回应

正如您在第 15 页的"截然相反"一课中发现的那样，当回答是一个词时，更容易采用该策略。如果您使用我推荐的是非问疑问句进行封闭式提问（见上文），那么您应该会经常得到一个词的答案。在上"截然相反"这一课时，所有孩子都会**大喊大叫**（这在本次课程中是允许的！）。但你也可以让他们在小白板上记一些东西（不一定只是一个简单的"是"或者"否"），然后让他们同时举起小白板展示答案。这样，如果只有一个人认为"否"，那么他是不太可能像使用"举手"策略那样，容易跟其他人保持一致的。

相关课程

《"如果"机器》：第一部分：如何在课堂上进行哲学探究，第 1～45 页；引导和管理，第 19～28 页

《假如奥德赛》：第一章"《假如奥德赛》需要使用的课堂技巧"，第 1～21 页

《曾经有一个如果》：思维套件，第 70～82 页

《哲学商店》：哲学探究快速指南，第 10～12 页

《哲学诗歌集》：附录 1 "如何运用本书条目"（第 191～193 页）和附录 2 "教案样本"（第 195～198 页）

哲学基金网："博客"（免费资源），"资源"（免费资源），"成为会员"（免费资源）——www.philosophy-foundation.org

彼得·沃利创办的革新我的学校网站：http://www.innovatemyschool.com/industry-expertarticles/itemlist/user/1926-peterworley.html

附录 2
丢失的钥匙——对解释教育的思考

文本——语言和图画

图画书和故事经常被用作激发儿童哲思的一种刺激，我认为主要有三种使用途径：

（1）**自由回应**：这种情况会出现在讲故事的时候，孩子们要么提出（儿童哲学）问题，要么会通过讨论来看能否引入新的哲学探究。此时，对于他们应该如何接收以及理解故事，不做任何期待。讨论的水平完全取决于他们对故事的**真正理解**。

（2）**叙事中的难题与困境（例如《奥德赛》/《一千零一夜》）**：这是故事里的人物面对难题或面临困境时的一种特定情况。在《奥德赛》中，有许多困境和难题困扰着奥德修斯及其船员，这些困境也可以提供给听众或观众进行哲学思考（例如，"奥德修斯应该告诉船员们隐藏在树叶中的女妖斯库拉（Scylla）吗？"）。为了利用这些场景进行哲学探究，观众理解情节和困境很重要。此时，对孩子们的理解要有一个基本的期望（参见《假如奥德赛》；《曾经有一个如果》："一千零一夜"；《"如果"机器》："西比系列故事"）。

（3）**将故事作为引入问题/难题的首选方式 [例如，马克斯·维尔修思（Max Velthuijs）的儿童故事《英雄青蛙弗洛格》（ Frog is a Hero ）]**：先讲一个故事，接着提问（例如"弗洛格是英雄吗？"）。本来，在没有讲故事的情况下也可以提问"什么是英雄？"但故事增添了情境和色彩，能让孩子有更强的代入感，以便向他们发问。

在《曾经有一个如果》（第 16 页）里，我对"用……思考"和"对……思考"进行了区分。而现在，我想回到对故事的"思考"。这将解决许多儿童哲学文本处理方法都没有解决的问题：（批判性）文本分析。下文描述的 PaRDeS 法则与"概念盒子"（Concept Box）的方法（参见《曾经有一个如果》第 77 页）有关，而且像概念盒子一样，旨在带领学生进行类比、解释、象征和比喻。从广义上讲，它是一种对故事和图画书进行阐释学——也就是与解释有关的——处理的方法（有关阐释学的更多信息，请参阅导语）。PaRDeS 以犹太式教学法中表达文本理解四个层次的四个单词的首字母组合而成[①]。我虽然受到了犹太式教学法的启发并借用了这个缩写，但并没有严格遵守对这四个层次的原始理解，而是努力使它们更适用于当代英国小学课堂的情境。

这种处理方法的一个好处是它可以对熟悉的书籍和故事进行"重新解读"。我们在哲学基金网上发现，使用传统方法解读诸如《咕噜牛》（Gruffalo）和《野兽家园》（Where the Wild Things Are）这样的经典畅销绘本，很难做到哲学探讨。这是因为没有惊喜，所以很难让孩子们以新的思路来回答问题。但最重要的是因为，孩子们已经通过与成年人（通常是父母、祖父母或老师）一起阅读这些书，从而或直接或间接地接受了许多解释。PaRDeS 法则允许孩子通过重新解读的过程来建立——或者重新建立——与这些故事的批判性关系。

---

① 这四个单词分别是：Pshat（文字）、Remez（伦理）、Drash（演绎）和 Sod（神秘）。

下面将以阿凡提的故事"阿凡提和丢失的钥匙"为例，介绍我是如何重新解读犹太式教学法 PaRDeS 法则中理解的四个层次的。首先要说明的是，这是我自己对故事的重新讲述（如果您愿意，这个故事也可以放到班上去讲；这样的话，请在讲述 / 朗读这个故事之前先给孩子们念一下第 72 页关于阿凡提的介绍）。

阿凡提和丢失的钥匙

有一天，阿凡提的一位朋友看见阿凡提正跪在家附近的一杆路灯下。

"你在干什么呀？"朋友问。

"我在找钥匙。"阿凡提解释道。

"要我帮你找吗？"朋友说。

"那太好了！"

于是，阿凡提的朋友也在路灯下跪下来，开始寻找钥匙。

过了一会儿，阿凡提的另一位朋友经过。

"你们俩在干什么？"他问。

"在找阿凡提的钥匙。"第一位朋友答道。

"要我帮忙吗？"

"那太好了！"

于是，第二位朋友也跪在路灯下，开始找钥匙。

最后，路灯下的街道上跪满了阿凡提的朋友们，都在仔细寻找他丢失的钥匙。这时，他们中有一个人说："阿凡提，你确定钥匙是在这儿丢的吗？"

"不，不是这儿，"阿凡提边回答边用手一指，"我在那边丢的，就在我家门口，不过那里太黑了看不见。"

分析层次

- **文字层**：这是要求读者或观众复述故事内容和事件顺序应达到的基本的理解层次，大概包括故事中**谁在哪里什么时候**发生了**什么事情**，以及**为什么**发生。例如："在故事'阿凡提和丢失的钥匙'中，一个人在家门口丢了钥匙；最终，他让许多朋友帮助他在路灯下找钥匙，直到他透露丢钥匙的地方在别处——他家门口。阿凡提解释说他在路灯下找钥匙，只是因为那里更亮一些。"有的孩子还可以说出故事是**关于**什么的。有的孩子表达的时候只是简单说出发生了什么事（见上文），而有的孩子则会用"关于"来指代故事的主题。例如："阿凡提和丢失的钥匙"是关于一个愚蠢的人的有趣的故事，他在明知道错误的地方找他的钥匙；仅仅因为正确的地方不适合找东西。这种情况下，第二个孩子已经迈向了理解的第二个层次。正如我们所见，过渡有时在没有老师帮助的情况下就发生了；PaRDeS 法则提供了一种**在需要时**为孩子助力的系统方法。

- **道德层**：这有点像从故事中挖掘出某种道理和教训，或者文本暗示我们应该具备某种美德。这样的例子在《伊索寓言》的每一篇结尾处很常见，字面上有直接的表述。然而，很多故事所蕴含的道理对于读者或观众来说是**隐含的**。例如，"阿凡提和丢失的钥匙"教育我们要在正确的地方才能找到丢失的东西，而不是看这个地方是否适合找东西。（参见第 142 页的"镜子里的人"，了解在班上教授道理的更多做法）。

- **隐喻层**：这是指有的故事会类似或象征性地表达或隐含一个不仅是道德启示的更深层含义。例如："阿凡提和丢失的钥匙"可能描绘了人类状况的以下特征：人类只能看见他 / 她能看见的东西；有一些人寻找的东西可能在他 / 她能看见的范围之外，如上帝、客观性、真理。

- **隐藏层**：有时候，一个故事可能对个人具有某种特殊意义，而这可能是也可能不是其他人在故事中**看到**或**应该看到**的东西。这属于对文本的**主观**解释。又或者，一个还没有得到集体理解，甚至没有任何人理解的故事，也有其合理的解释！（我将其称为**另一种**解释。）这两种解释文本的方式（主观的和另一种）为达到犹太人认为**神秘**也就是"隐藏"的理解层提供了极为亲密的对话途径——而非隐晦的神秘主义，从而使得这一层次的理解仍然能关联并应用到小学课堂上。

PaRDeS 法则的应用

（1）首先，讲述、朗读或者演绎文本内容（故事、诗歌或其他，如无字绘本）。

（2）**文字层**，请设置任务："能否用尽可能少的语言，告诉同学们在［代入故事、诗歌或其他内容的题目——在下文出现'故事'一词的地方同样适用］里发生的事情吗？"这里有一些方法可以帮助学生在文字理解层面启发他们的思维，且同样有助于帮助他们超越该层次：

  - 提出挑战：如果有人用 30 个字完成了，那么接着问："谁能用不到 30 个字说出故事里发生的事情？"
  - 如有必要，设置规则：用不同方式说出故事内容：a. 最多 3 句话；b. 最多 1 句话（不允许连续使用"……然后……然后……"）；c. 最多 3 个词（以及 1 个词呢？参见第 3 页的"一个词的墓志铭"）。
  - 问一个次要问题，例如："谁能告诉我这个故事是关于什么的吗？"
  - 针对以上两个问题提问："在说出故事发生了什么和说出故事关于什么之间，有区别吗？"（例如：前者关于事件，后者关于主题。）

（3）**道德层**，请提出以下任务问题："如果有的话，你们认为我们从故事中学到了什么？"在白板上记录下大家的理解。

（4）批判性参与，等到收集好他们得出的道德启示，提出以下任务问题，两个问题分别对应解释性分析的不同角度：批判性地参与 a. 同学的解释以及 b. 文本所蕴含的道理：

  - 你是否同意［代入其他进行了解释的孩子的名字］说的这个故事是关于［代入他的观点］的？（这是为了鼓励批判性地参与彼此的解释。）
  - 你是否同意［代入道理或启示，如"我们应该追随自己的梦想吗？"］？（这是为了邀请批判性地参与道德解读。）

（5）除了让他们经历前四个步骤并参与讨论之外，没有其他更好的方法能将读者或班级带入超出道德解读的文本**隐喻层**。如果班上的同学有这个能力，能够达到这一水平，那给他们机会（例如 PaRDeS 法则给的机会），但如果没有也没关系。定期重复采用此方法直到同学们能力具备，水到渠成。顺其自然，无须拔苗助长。不过，PaRDeS 法则给他们带来了提高解释能力的机会。虽然不一定立刻箭中靶心，但至少让他们有机会练习逐渐靠近靶心。即使今天无能为力，明天或者以后的某一天说不定就行了。在这样的过程中，PaRDeS 法则既有诊断价值，（在某种程度上）又有工具价值。另一种帮助班级过渡到隐喻层理解的方法是使用概念盒子的策略。

第 94 页的"因梦致富的商人"一课结合实例解释了应用 PaRDeS 法则的步骤程序。

附录 3
智识美德

本附录中，我将一些核心智识美德、优点和／或能力进行了统一汇总，希望你们班上的孩子能通过对其他学科同样具有促进作用的哲学思维训练，在这些方面有所提高（也可以利用该列表开发一套评估这些能力的方法）：

（1）**智力敏感**——参与哲学思考的人会学习如何以智慧、合理的方式（有批判性、有逻辑、有顺序、有条理、语意清楚等）回应他人。

（2）**社交敏感**——他们会学习如何以合理的社交方式（带着尊重、充满信心、暂时地、支持性地、轮流地等）回应那些同样智识敏感的人。

（3）**辨识能力**——学习**识别**和**区分**不同类型的回应，无论是对提问、对问题还是对同伴。

（4）**选择能力**——学习选择恰当的回应，无论是对提问、对问题还是对智力和社交方面都敏感的同伴。

（5）**善解人意，能感同身受**——获得某种洞察同伴思考方式的能力，学会通过跟同伴一同思考或者站在他们的角度思考问题来解决问题。

（6）**批判性协作**——练习如何在努力解决争议和问题的协作过程中保持适当的**对立**。重要的是，这可能成为协作的关键。

（7）保持**连贯性**——学习如何建构好自己的思想，也能鉴别自身以及他人思维的连贯性和不连贯性。

（8）**表达明确**——学习清楚表达自己的想法，以便能得到他人的正确理解和恰当回应。

（9）**抽象化**的能力——学习在必要时刻从具象思维转向抽象思维和恰当的普遍性思维，能够对具体内容进行抽象化的洞察。

（10）**提出问题**的能力——能够发现自己或他人之前未发现的问题，或者认识到同伴引入的难题或争议。我称之为"看到问题"。

（11）**重新评估**的能力——学习判断何时要做出重新评估（**修正**或**摈弃**），以及何时要捍卫自己和／或他人的看法。

（12）**理性**——学习**如何**满足推理和逻辑要求，以及如何鉴别好的理由和坏的理由。（**批判性思维技能**能锻炼该美德[①]。）

（13）**明理**——表现出乐于满足推理要求的意愿。

（14）**思考有序**——学习根据理性和逻辑需要安排思考的正确顺序。

（15）**明断**——为了做出正确的判断而**决断**。

（16）（明智的）**应变力**——当其他人反对自己的看法，以及当自己的立场或观点被他人指出存在不足之处时，要做出恰当的应变。

[①] 参阅奈杰尔·沃伯顿（Nigel Warburton）的《从 A 想到 Z》（*A to Z of Thinking*）或者朱利安·巴吉尼（Julian Baggini）的《哲学工具包》（*The Philosopher's Toolkit*），获得更全面的批判性思维技能清单。——作者注

（17）（明智的）**开放思想**——学习判断何时需要开放自己的思想，以及何时对事情或问题做出判断。

（18）（明智的）**自我批评**——对自己的推理质量及其改进方法进行批判性反思。

（19）**独立自主**——为自己而思考，基于优质推理做出判断，而非基于他人对好坏的评判。

（20）**勇敢**——如果有充分的理由坚持信念，要做好准备去坚持；如果有充分的理由放弃信念，也要做好准备去放弃，尽管障碍重重，理由多多。

（21）能**接受不适**——学习适当地相互挑战并接受，自己可能会受到一些挑战，这可能会导致不舒服的感觉。

（22）**好好倾听**——实践如何倾听，**为了**尽可能理解同伴们说的话，以便能以批判性的恰当方式与同伴进行思想上的互动。

（23）（明智的）**支持**——学习如何在自己认为合适的时候，对同伴给予**有理有据的支持**。

（24）愿意以合适的**心理**方式做出回应——学习一旦问题被发现，如何带着**好奇心**和**解决问题的意愿**去回应**困惑**。不要**玩世不恭**或**无奈无助**等。

（25）取得**概要见解**（整体观）——学习对对话以及对话中包括自己在内的各个角色有一个整体感觉。这点是元认知，也是青少年较难培养起来的智识美德之一。

（26）有一个**规范的目标**——学习并培养一种**尽其所能**去实践智识美德的意愿，并能恰当地使用（例如不要滥用于**诡辩**）。

附录 4
谈谈书籍——思考与书籍的对话

在这一部分，我想将故事**中**的对话发展成**与**故事对话。处理故事，特别是绘本故事书，一种方法是让孩子们根据故事或图画形成自己的疑问；另一种方法则是提供已精心准备好的问题。其实，还有另外一种方法：让孩子们直接与书籍交流，就好像他们正在与书籍以及故事中的人物进行对话。

"对话"和"对演"① 这两个词都指向一种双向的、批判性的对话关系。接下来我会介绍几种能让读者或观众与故事、与书籍，尤其是与绘本童书建立起这种关系的方法。

布置任务

书籍和故事通常会为角色设置任务，这些任务也可以布置给班上的学生。例如托尼·法榭丽创作的故事《让我们什么都不做！》里面有一个角色任务是什么都不做。跟上"做哲学"那一课（参见第 68 页）一样，让班级参与完成一项特殊任务——比如什么都不做——的行为本身就能激发出想法；观众可以说："哦，这是不可能的！"等等。这种方法的关键之处在于尽快将书中的任务设置为班级的任务。这时候要停止讲故事，直到孩子们参与完任务（或思考了任务），再回来继续讲故事。

举有趣的例子

通常在进行哲学探索的时候，人们会试图围绕"X 是什么"的问题（如"勇气是什么？"）来确定某种东西。做到这一点的一种途径是使用苏格拉底两千多年前提出的一种方法：用直觉上看起来正确的反例来测试我们的答案。也就是说，我们要证明一个定义是否正确，需要的就是列举出不符合这个定义的例子。换言之，就是要举出有趣的、有创造性的例子来。故事和图画书常常就能提供这样的例子。比如，在莫·威廉斯创作的绘本故事《古纳什小兔》中，有两个关于"说话"的对比例子：第一，故事主角小宝宝想要表达但还不会说话；第二，就在故事结尾，小宝宝说出了"古纳什小兔"。这两个例子由于情况特殊，足以引起争议。

道理和主张

故事通常会讲道理，要么显而易见要么隐而不彰，让读者或观众批判性地去看待。例如克里斯·沃马尔的《最悲伤的国王》："你应该永远感受到什么就怎么表现。"故事也会表达对事物的主张，例如玛格丽特·怀兹·布朗（Margaret Wise Brown）的奇怪童书《重要书》（*The Important Book*）中就有很多主张，包括"苹果最重要的事是它是圆的"。为了让班级参与讨论这些道理和主张，您需要做的不过是提出以下任务问题：

任务问题　**你同意 [代入书中的主张或道理] 吗？**

（参见附录 2 的故事"阿凡提和丢失的钥匙"，了解 PaRDeS 法则以及"批判性参与"的详细内容。）

---

① "对演"一词的英文原文是 dialectic，即现在通常译作"辩证法"的一个外来概念，但此处考虑其与 dialogue（对话）一词的共生关系，采用了该词历史上由哲学家张东荪（1886—1973）先生主张过的译名"对演"，以突出其双向关系，同时也并不违背该词的基本含义。

提问

书籍有时会以文字的形式来提问。如果您发现童书文字中有适合开展哲学探究的问题，可以在出现提问的地方暂停，来一场哲学探究。以马克斯·维尔修思的"青蛙弗洛格系列故事"《特别的日子》（*Frog and a Very Special Day*）为例，当书中角色问"'非常特别'是什么意思"的时候，就很合适。

可以被"质疑"的陈述

即使没有提问，故事中的角色有时也会说点什么，或者在书上别的什么地方写出一句话，这种陈述文字也很容易变成一个问题。马克斯·维尔修思的《英雄青蛙弗洛格》的标题就是这样的陈述；可以很容易把它改成"青蛙弗洛格是英雄吗？"在威廉·史塔克（William Steig）的绘本《史莱克》（*Shrek*）中，有这样一句，"在他面前的是世界上丑得最令人震惊的公主"，这时可以引入问题："这个公主漂亮吗？"

定义

阿诺德·洛贝尔的故事《饼干》里有这样一个定义："意志力就是努力不去做你真正想做的事情。"利用这句话，问全班是否同意这个定义。

犯错

有些书还有一些"故意犯的错误"让读者和观众去发现。伯纳德·怀斯曼（Bernard Wiseman）的《麋鹿莫里斯》（*Morris the Moose*）就是这样的童书，它里面描写的莫里斯认为其他动物也是麋鹿的原因是**错误的**（参见第 xx 页）。利用这一点，问全班是否同意故事角色做出的错误判断，也就是这个故事中莫里斯的判断。

跟着书一起来辩论！

伴随着故事中故意的或其他的"错误"，有时候书中还会有两个或多个角色之间的分歧，比如《麋鹿莫里斯》就是这样。老师可以利用角色之间的争辩行为来引导孩子们进行批判性思考。不建议老师自己与孩子们直接进行批判性互动，因为老师和小孩子之间显然存在不公平、不对等。但是，如果这些行为出现在书中，老师就可在适当的时候只是代表书中的角色来引导孩子们更深入地挖掘对话内容。举个例子，我的同事霍金斯在给低龄儿童讲安迪·卡特比尔（Andy Cutbill）和罗素·安图（Russell Ayto）创作的故事《下蛋的奶牛》（*The Cow That Laid an Egg*）的时候，问了这样一个问题："奶牛下的是牛、是鸡还是别的什么呢？"他利用"绝对/也许"策略（参见第153页）来让孩子们更清楚地表达观点。然后，如果有人说"它是牛"，他就翻到书的另一页，上面写着故事里的另一头牛说它是鸡，这样就在孩子和书（中角色）之间建立了对话。在这个故事中，后面这头奶牛并没有给出理由。如果给出了理由，那么他可能还会引导孩子们对这个理由进行批判性思考（"你们同意这头奶牛的意见吗？"参见附录2的"批判性参与"）。但是，由于实际上并没有给出理由，所以他可以让孩子们代表奶牛来想一个理由（策略"想象中的反对者"的一个版本，参见第122页）。如果孩子们说"它是鸡"，他就翻到最后一页，上面写着下蛋的奶牛抱住它孵出来的小家伙说是牛，然后执行跟之前一模一样的策略。《下蛋的奶牛》省略了各个立场的理由，而《麋鹿莫里斯》里面却有许多同意/不同意的理由。正如您所见，这两种童书都可以通过这种对话式的方法得到有效的利用。

> **参考链接**
>
> 参见 https://www.philosophy-foundation.org/resources/philosophy-foundation-publications/once-upon-an-if 页面的文档《在图画中思考》（*Thinking in Pictures*）[1]，了解绘本童书的更多建议。

---

[1] 该页面显示文件名为《绘本图书馆》（*Picture Books Library*）。

附录 5
思考如何在课程中设计并利用探究活动

景观与漏洞

在做课程计划时，请尝试将探究元素纳入计划之中。一次探究可以是 5 到 60 分钟的任何时长，它会十分有助于感知——或者"看见"——班上的"概念景观"：他们对一个主题的了解程度，他们掌握了哪些概念，没掌握哪些概念，以及对哪些概念理解很到位。在教授课程**之前**，我会建议先做个**诊断**探究，以调查了解学生的当前水平，而在课程教授完成**之后**，再做个**评估**探究，来判断学生的理解以及学以致用的程度，或者两种探究选其一。开展探究活动就如同将一根刺破了的水管浸入水桶，您可以清楚地看见"漏洞"的位置。否则，您必须很费劲才能找到这些漏水点：亲自仔细检查水管的每一个位置。随着探究行为的深入，探究引导和课程教学之间的关系便愈发明确并和谐共生：找到漏洞的位置，得知需要教什么，或者再重复一遍。

（跟孩子们一起实践之前的）准备

（1）从课程主题入手。

（2）绘制相关概念的概念图（参见第 88 页）：主概念与子概念。

（3）鉴别可能出现的多重含义、区别和误解。

（4）针对 X 提问：选择一两个要用到的核心概念，置入"什么是 X？"的问题结构中进行测试。可以使用反面问句"什么不是 X？"（孩子们会觉得回答"什么不是"比"什么是"更容易）来看看您是否能说出 X 的独特之处：

- 什么是 X？什么不是 X？X 有什么特别之处？（概念方面）
- 我们如何知道 X 是什么？我们对 X 了解多少？（知识方面）
- 为什么 X 很重要？（价值方面）

（5）确定争议。

（6）想一个初始"任务问题"（以及随之产生的嵌套问题，即概念上与初始问题相关的问题）；想一句陈述或一项任务可以引导孩子们发现争议。不能很难，要包含关键概念在里面，还要能导向争议。可以先做第 7 步再做第 6 步。（参见第 6 页的"激发"，了解如何开始的更多点子。）

（7）想一些容易引发争议的事物（场景 / 情境、故事、诗歌、谜语等），可以围绕您的提问来构建。能想出任何对比的例子吗？

（8）设计一些拓展活动。

落实

（1）进行探究活动（参见第 x 页）。记得要把孩子们带回主要问题，并将他们的回答打开成开放式问题。还要记得利用"关于促进想法多样化的思考"的各项策略（参见附录1），而不是通过探究活动来教学，也不是让他们来"猜您脑海里在想什么"。

（2）选择一个合适的时机，而且只在适当的时候，明确提出"什么是 X"的问题。

（3）通过"破圈"之类的概念分析活动来证明。

- 记录答案。
- 探索并（让孩子们）尝试解决任何可能出现的紧张局势。
- 注意孩子们理解概念的范围和局限性。（同时请留意您自己的局限性！）
- 注意何时需要进行教学。

可以通过下面的例子来尝试一下，它基于我和一个七八岁孩子的老师在他的周计划中纳入探究活动时所做的工作。

（跟孩子们一起实践之前的）准备

（1）从课程主题入手。例如：

- "植物"

（2）绘制相关概念的概念图（参见第 88 页）——主概念与子概念：

- 如"周期、生长、生命、变化、时间"
- 核心词——"生长"

（3）鉴别可能出现的多重含义、区别和误解。

- 如"建造／生长，发展／生长，学习／生长"等

（4）针对 X 提问：

- 什么是生长？什么不是生长？生长有什么特别之处？（概念方面）
- 我们如何知道生长是什么？我们对生长了解多少？（知识方面）
- 为什么生长很重要？（价值方面）

（5）确定争议。

- 如：某样东西可以某种方式越来越大，但并不是在生长。

（6）想一个初始"任务问题"。

- 任务问题：其中哪些是生长？
  - 嵌套问题
    - 什么是生长？
    - 它们没有一个在生长吗？
    - 它们都在生长吗？
    - 哪些没有生长？为什么？

（7）想一些容易引发争议的事物（场景／情境、故事、诗歌、谜语等），可以围绕您的提问来构建。例如（幻灯片上的图像）：

- A：一棵树
- B：一栋施工中的建筑物
- C：一个在爬楼梯的孩子
- D：一台（个）正在升级的计算机／机器人（参见《"如果"机器》的"西比系列故事"）
- E：处于生命不同阶段的人：婴儿、成人、老人（这个"老人"要明显比"成人"矮）

（8）设计一些拓展活动。比如：

- 让孩子们做"从一粒种子到一棵树"的运动练习，开始蜷缩成一团，然后慢慢展开，站起来，伸展身体。**任务问题**：你刚刚是按照树的方式在生长吗？你刚才做的和树的生长方式之间是否存在不同？
- 破圈（参见第 54 页）。

落实

（1）进行探究活动（参见第 x 页）。

（2）选择一个合适的时机，而且只在适当的时候，明确提出"什么是生长"的问题。

（3）通过对生长概念"破圈"这样的概念分析活动来证明：

- 记录答案。
- 探索并设法解决任何可能出现的紧张局势（"生长就是变得越来越大"/"学习是一种成长"——该案例需要用到"切开它"的策略，参见第 30 页）。
- 注意孩子们理解概念的范围和局限性。（"你看不见它们有变化，所以植物没有在生长。"）
- 注意何时需要进行教学。（"植物不知道太阳在哪里，因为它们没有眼睛。"）

附录 6
当一天哲学家

在联合国教科文组织"世界哲学日"（或者任何一天！）当一天哲学家。如果你愿意，请戴上贝雷帽，拿一个小本子和一支笔，随便去哪里，花时间思考下面的一个问题。尽量只选择一个问题，整天都思考它。为了帮助思考，请执行以下操作：

- **喝东西的思考**：给自己倒一杯喝的：茶、咖啡或你最喜欢的软饮。坐在舒适的地方，慢慢喝，只思考选择的一个问题，直到杯子喝空。允许大声与自己说话。
- **想问题的谈话**：找一个愿意花几分钟的时间跟你讨论问题的人（老师——如果他们有时间的话，同学或家庭成员）。把你选择的问题读给他们听，然后一起讨论。
- **写出来的回答**：拿一张纸（或者是你的哲学家笔记本），在干净的一页最上方写下你选择的问题。可以随意写出答案（想到什么就写什么），或者你喜欢的话也可以用下面的书写策略。

书写过程

（1）**读**一遍问题，然后想一想。

（2）**回答**这个问题。如果是开放式问题（无法用"是"或"否"来回答），比如"你如何知道什么是真的？"那就这样写："我知道什么是真的是因为……"不过，如果是封闭式问题（可以用"是"或"否"来回答），比如"是否存在好的理由让你可以变坏而不受惩罚？"那就写下答案"是"或"否"。最好跟着自己的直觉（对这个问题的第一反应）作答——如果后来改变主意也没有关系。

（3）**证明**你的答案是对的（说明原因！）：给出你能想到的任何理由来解释第 2 步所做的回答，并以"因为……"或"我认为这是因为……"开头。

（4）**反对**：设想如果有人不同意或者反对你在第 2 和第 3 步说的话，他们会说什么。按照你的第一想法尽可能地批评。反对的话通常以"但是……"或"尽管如此……"或"另一方面……"开头。

（5）**答复**：现在思考你应该说什么来回答质疑和反对；换句话说，你会如何处理反对意见？可能需要以下表达方式之一：
- **修正**："如果……那么……"
- **澄清**："我说的 X 的意思是……"
- **解释**："我要详细解释一下 X……"
- **更改**："可能我本来应该说的是……"
- **拒绝**："一开始我认为 X，但现在我不认为 X，因为……"（或反之："一开始我不认为 X，但现在我认为 X，因为……"）

（6）在进入第 7 步之前，或许需要多次重复第 4 和第 5 步。

（7）**考虑**：简要思考不同的观点。为这部分写几行。

（8）**结论**：回到主要问题，陈述你是否仍然坚持你在第 2 步回答问题时所写的内容，或者你已经改变了想法。哲学家总是在寻找最好的理由。

或许，你可以试着自己写一段对话。这么做需要创造两个对话的角色。给他们分别取一个合适的名字，如"汤姆"和"杰瑞"，或者简单命名为"小哲学"和"小聪明"，"A"和"B"，"正方"和"反方"，或者"支持者"和"反对者"。

一些重大问题！

这是一些当一天哲学家可以思考的哲学问题：

- 是否存在好的理由让你可以变坏而不受惩罚？
- 你应该努力过上好日子吗？
- 这一切都是真的吗？
- 从这一分钟到下一分钟，你是同一个人吗？
- 你如何知道什么是真的？
- 一个人的观点会不会出错？
- 思想和大脑是一回事吗？
- 生命应该是公平的吗？
- "想什么就说什么"跟"说什么就想什么"是一回事吗？
- 我们是否掌控了自己的生活？

这一部分可以复印出来发给学生们看，然后在联合国教科文组织设定的"世界哲学日"那一天（11 月的第 3 个星期四）去实践。

参考文献

图书

Baggini, J and Fosl, P (2010). *the Philosophers' Toolkit*. Chichester: Blackwell Publishing.

Bartram, S (2004). *The Man on the Moon*. Gratham: The Templar Company Ltd.

Birch, D (2014). *Provocations*. Carmarthen: Crown House.

Borges, J L (2000). *Labyrinths*. London: Penguin Modern Classics.

Carroll, L (2010). *Alice's Adventures in Wonderland and Through the Looking Glass*. London: Bloomsbury Publishing Plc.

Cohen, M (2007). *101 Ethical Dilemmas*. Abingdon: Routledge

Cohen, M (2013). *101 Philosophy Problems*. Abingdon: Routledge

Cooper, J M (1997). *Plato Complete Works*: 'Meno' (trans. by G.M.A Grube). Indiana: Hackett Publishing

Cutbill, A (2008). *The Cow that Laid an Egg*. London: Harper Collins

Day, A (2014). *The Numberverse*. Carmarthen: Crown House

Day, A and Worley, P (2012). *Thoughtings*. Carmarthen: Crown House

Dick, P. K (1999). *Beyond Lies the Wub: Volume One of the Collected Stories of Philip K. Dick*, London: Millennium

Donaldson, J (1999). *The Gruffalo*. London: Macmillan Children's Books

Fisher, R (1997). *Games for Thinking*. Winsford: Nash Pollack Publishing

Fucile, T (2012). *Let's Do Nothing*. Somerville: Candlewick Press

Gaut, B and M (2011). *Philosophy for Young Children*. Abingdon: Routledge

Gilbert, I (2007). *The Little Book of Thunks*. Carmarthen: Crown House

Graves, R (1955). *The Greek Myths,* Volume 1. London: Penguin

Hargreavers, R (2014). *Mr Good*. London: Egmont

King, S (2012). *On Writing*. London: Hodder Paperbacks

Law, S (2011). *The Complete Philosophy Files*. London: Orion Children's Books

Lewis, C and Smithka P, edited by (2011). *Doctor Who and Philosophy*. Chicago: Open Court

Lobel, A (2015). *Frog and Toad Together*. New York: Harper Collins

Lobel, A (2012). *Frog and Toad are Friends*. London: Harper Collins Children's Books

Longman (1991). *Dictionary of the English Language*. Essex: Longman Group

March, J (1998). *Cassell's Dictionary of Classical Mythology*. London: Cassell & Company

McCaughrean, G (2001). *100 World Myths and Legends*. London: Orion Children's Books

Sendak, M (2000). *Where the Wild Things Are*. London: Red Fox

Shapiro, D (2012). *Plato was Wrong! Footnotes on Doing Philosophy with Young People*. Plymouth: Rowman & Littlefield Education

Steig, W (2012). *Shrek*. London: Particular Books

Tzu, C (2006). *The Book of Chuang Tzu*, translated by Martin Palmer. London: Penguin Classics

Velthuijs, M (2014). *Frog Is a Hero*. London: Anderson Press

Velthuijs, M (2015). *Frog and a Very Special Day*. London: Anderson Press

Warburton, N (2007). *Thinking from A to Z*. Abingdon: Routledge

Willems, M (2005). *Knuffle Bunny*. London: Walker Books Ltd.

Wise Brown, M (2007). *The Important Book*. New York: Harper Collins

Wiseman, B (1989). *Morris the Moose*. New York: Harper Collins

Worley, P (2014). *Once Upon an If*. London: Bloomsbury Publishing Ltd.

Worley, P (2010). *The If Machine*. London: Bloomsbury Publishing Ltd.

Worley, P (2012). *The If Odyssey*. London: Bloomsbury Publishing Ltd.

Worley, P (2012). *The Philosophy Shop*. Carmarthen: Crown House

Wormell, C (2008). *The Saddest King*. London: Red Fox

电影

Monty Python and the Holy Grail. (1975). Feature film. Directed by Terry Gilliam and Terry Jones. [DVD]. UK: Columbia Tristar

The Time Machine. (1960). Directed by George Pal. [DVD]. USA: Warner Brothers

When Worlds Collide. (1951). Feature Film. Directed by Rudolph Maté. [DVD] USA: Paramount Home Entertainment

在线资源

Institute De Practiques Philosophiques. (2015). Free Books. [Online]. Available from: http://www.pratiques-philosophiques.fr/livres-gratuits-2/?lang=en [Accessed: 29th September 2015]

The Philosophy Foundation. www.philosophy- foundation.org

Marvell, A(1650). The Garden. [Online]. Available from: http://www.poetryfoundation.org/poem/173948#about

University of Pittsburgh. (2013). The Man Who Became Rich Through a Dream. [Online] Available from: http://www.pitt.edu/~dash/type1645.html [Accessed 29th September 2015]

如果您希望进一步探索推动讨论的方法，下面这些专业资源会对您有所帮助：

Worley, P (2010). *The If Machine*: 'Section 1: How to Do Philosophical Enquiry in the Classroom', pp. 1-45.

Worley, P (2014). *Once Upon an If*: 'Storythinking', pp. 56-82 (especially 'Child-centred questioning', pp. 68-70)

Worley, P (2012). *The If Odyssey*: 'Logos: Teaching Strategies for Developing Reasoning', pp. 13-21

The Philosophy Foundation (2012). Philosophy Now Radio Show. [Online]. Available from: http://goo.gl/pxlYMN [Accessed 29th September 2015]

The Philosophy Foundation (2013). The Question X. [Download]. First published in Creative Teaching & Learning Volume 4.1. Available from: http://goo.gl/e5deJs

The Philosophy Foundation (2014). The Question X Revisited. [Download]. Available from: http://goo.gl/OGr0GS

Innovate My School (2011). Socratic Irony in the Classroom. [Online]. Available from: http://goo.gl/2y5vzz [Accessed 29th September 2015]

Innovate My School (2012). The Absent Teacher: Preparing Children for the Real World: http://goo.gl/tXyLk9 [Accessed 29th September 2015]

Worley, P (2012). *The Philosophy Shop*, pp. 1-12

Birch, D (2014). *Provocations*, pp. v-viii, 1-11

Weiss, M (Ed.) (2015). *The Socratic Handbook*: Worley essay, 'If it, Anchor it, Open it up: a closed, guided questioning technique'. Zurich: Lit Verlang

Kessels, J, Boers, E & Mostert, P (2009). *Free Space: Field Guide to Conversations*. Amsterdam: Boom

Magno, MD, Mostert, P & Van de Westhuizen, G (2010). *Learning Conversations: The Value of Interactive Learning*. Johannesburg: Heinemann

译后记

与哲学的缘分始于十余年前的一次偶然合作，后来从翻译到工作，始终都与"哲学"维持着深深浅浅的联系。读到这本教你如何引导儿童哲学思维的书的时候，我是高兴的。大多数接受传统教育摸爬滚打十几年的人们，由于没有了解或接受过比较系统的哲学思维训练，往往对哲学家眼中的无垠星空抱有无限的想象以及畏惧。哲学，似乎是一个离普通人很遥远的词。而这十几年与哲学的非亲密接触，却让我深深感受到，哲学并非高高在上的单一学科，哲学思维也不是孤芳自赏的另辟蹊径。哲学其实与每一个普通人的日常生活息息相关，包括孩子在内的我们每天都在"做哲学"，在经历哲学问题，进行哲学思考。而这，也是本书的意义所在，是作者在多年哲学教育实践中一以贯之的信念。

伏案数月，翻译这本书的体验很奇妙，一开始是在对全书的思维构建和专业词汇的揣摩中体会纠结，后来逐渐明朗开阔，渐入佳境，等翻到最后几节课的时候，竟然有一种舍不得的感觉，意犹未尽。其间多少次因为一个词的拿捏不定而反复斟酌，又有多少次因为书中孩子的机智应答而拍案称快，已难以细数。这些不同体会恰好反映了本书的定位和特点，下面稍做解释。

首先是哲学内容定位。这是一部哲学思维引导读物，哲学内容必不可少，但又并非全部，而且与儿童可接受的故事和生活紧密相连。就像作者自己说的，这些"哲学课"并不是对"哲学这门学科的学习"，而是聚焦于"哲学思维"的过程。因此，它们具备自己的知识体系和整体风格，重在哲学式的讨论和思维引导，而不在哲学知识的传授或者是非对错的教导。书中一边以哲学式的质疑争议、概念分析、假设推理等方式引导讨论，一边通过大量诗歌、故事、游戏等丰富形式，引导教师与学生（儿童）通过不断的回应构建平等的对话关系，双方互相促进，双向启发。有时候看起来不那么哲学，却又蕴含了丰富的哲学道理和思考空间。

其次是教学目的定位。这是写给儿童教师用的教学指导书，技巧性和应用性很强。指导语言简单明了，教学规划明确易操作，每节课的设置具备大同小异的整体框架和思维导向，便于作为指南在实践中运用。全书涵盖40节课的丰富内容，教师可以根据需要挑选任一主题展开，也可以跟常规学科教学融会贯通，通过讨论引入并促进其他知识的学习。而且，书中专为教师准备的引导技巧，能帮助没有经验的教师应用这些课程，甚至举一反三，提高训练儿童思维的能力。另外，本书是在英语教学环境下的英国小学课堂用书，因此知识背景和语法体系与中文环境可能有一些不同，在我国的实际教学中可以灵活变通。

再次是儿童对象定位。本书是为启发儿童哲学思维而作，课件内容结合儿童思维水平有所拓展，并介绍了许多课堂实例，儿童创作、儿童语言和教学对话丰富，内容和功能都一目了然。尤其是诗作与对话部分，常常令人身临其境，进而对孩子们的逻辑思考和质疑提问能力刮目相看。而且跟着孩子们一起经历一次次"哲思奇遇"，对成年读者来说也会有所收获。以至于我到最后除了意犹未尽的感受外，更直击心灵的触动便是羡慕这些幸福的孩子们！

为还原本书特色，翻译时除了在体例上遵循原作的思路和设置，也在方法上灵活调整。翻译方法上总体以忠实原文的"直译法"为主，由于词源、句法和文化语境不同，直译不能完全表达原文指称意义和思想内容时，特别是一些修辞表达、文字游戏和方言习语，则结合"意译法"进行变通。比如将"two，to，too"译为"贰、刵、俩"，将"There's value for money"译为"物有所值"等。必要时加译者注进行说明。

诗歌部分遵循原文的基本词义，但根据诗歌韵律对句法结构进行适当调整，并尽量保持其原有的哲学和诗歌意象。比如将"Are in the wrong places"译为"在钅昔讠吴的土也方"。

一些文献题名和章节名以直译为主，部分采用符合原著思想内容的意译，个别参考已出版的中文译本，并在文中加译者注，便于读者参照阅读。比如将 *Provocations: Philosophy For Secondary Schools* 译为《中学生哲学思维训练》，将"The Ticklish Grump"译为"不高兴先生挠痒痒"等。

人名和公司名基本采用规范译法，个别参照约定俗成的名称、已出版的译法以及网络译法，如将"Hoja"译为"阿凡提"。重要人名后均用括号加注英文原名。公司名称没有规范译法的，采用音译法。

译文体例与原文保持一致，标点符号除由于中英文符号差异带来的变化外，译文所用正斜体、加粗、表情符号等均与原文相同。

另外，由于英文语境下的一词多义或隐含意义与中文并非能完全对应，为不对原文大段内容做过多改动，个别表达采用直译加译者注的方式。

最后，感谢中国人民大学出版社编辑邹艳霞的充分信任与支持，感谢我的家人对我始终如一的认可与协助，感谢原作者彼得·沃利先生为儿童哲学教育所做的研究与实践，也感谢那些愿意了解儿童哲学并有可能在实践中应用这本书的读者们。希望我们的孩子们在健康、智慧成长的道路上，也能像作者所期望的那样，从小就练习掌握哲学思维所磨炼的那些美德和能力，最终学会更好地思考，更明智地行动，收获延续他们一生的美好生活。

唐玉屏

40 Lessons to Get Children Thinking: Philosophical thought adventures across the curriculum
by Peter Worley

图书在版编目（CIP）数据

让孩子爱上思考的40堂课 : 妙趣横生的哲思奇遇记 /
(英) 彼得·沃利 (Peter Worley) 著 ; 唐玉屏译. --
北京 : 中国人民大学出版社, 2021.8
书名原文: 40 Lessons to Get Children Thinking:
Philosophical thought adventures across the
curriculum
　　ISBN 978-7-300-29536-7

　　Ⅰ . ①让⋯　Ⅱ . ①彼⋯　②唐⋯　Ⅲ . ①哲学 – 青少年
读物　Ⅳ . ①B–49

　　中国版本图书馆CIP数据核字（2021）第120301号

让孩子爱上思考的 40 堂课

妙趣横生的哲思奇遇记

［英］彼得·沃利（Peter Worley）　著

唐玉屏　译

Rang Haizi Ai Shang Sikao De 40 Tang Ke

出版发行	中国人民大学出版社		
社　　址	北京中关村大街31号	**邮政编码**	100080
电　　话	010–62511242（总编室）	010–62511770（质管部）	
	010–82501766（邮购部）	010–62514148（门市部）	
	010–62515195（发行公司）	010–62515275（盗版举报）	
网　　址	http:www.crup.com.cn		
经　　销	新华书店		
印　　刷	涿州市星河印刷有限公司		
规　　格	175mm×255mm　16开本	**版　　次**	2021年8月第1版
印　　张	12.5 插页1	**印　　次**	2021年8月第1次印刷
字　　数	262 000	**定　　价**	59.00元